TRICK 17 KÜCHE

222 geniale Lifehacks und raffinierte Rezepte

Kai Daniel Du und Benjamin Behnke

Inhalt

Nach den vielen tollen Rückmeldungen zu unserem ersten Buch „Trick 17 – 365 geniale Alltagstipps“ war für uns schnell klar, dass die Welt ein weiteres Buch zum Thema Lifehacks braucht. Und weil wir nicht nur begeisterte Alltagsoptimierer sind, sondern uns auch in der Küche gerne kreativ und mit viel Experimentierfreude entfalten, haben wir für dieses Buch 222 neue Tipps und Tricks gesammelt und getestet, die sich rund um das Thema Küche und die Verarbeitung von Lebensmitteln drehen.

Unser Ziel bei der Zusammenstellung war es, für wirklich jeden etwas zu bieten: Ob du noch blutiger Anfänger oder begeisterter Hobbykoch bist; in diesem Buch wirst du viele spannende Ideen und Ansätze finden. Wir möchten dir Anstöße geben und dich ermuntern, verrückte Dinge auszuprobieren, ungewöhnliche Lebensmittel zu kombinieren und neue Wege zu gehen.

Neben hilfreichen Kniffen, die dir den Küchenalltag erleichtern, sind auch originelle Rezeptideen enthalten. Aus wenigen, ganz alltäglichen Zutaten kannst du mit etwas Raffinesse leckere Snacks, feine Kuchen und schmackhafte Mahlzeiten zaubern.

Wir wünschen dir einen allzeit entspannten Küchenalltag und guten Appetit!

Kai & Ben

Vorbereiten und Zubereiten

Stoße zwei Löcher durch einen Pappteller und stecke die Rührhaken durch den Teller in das Rührgerät. So bleibt die Küche sauber.

Erst die Arbeit, dann das Vergnügen! – So ist das leider auch beim Kochen. Deshalb haben wir das mühsame, aber in der Küche meist notwendige „Vorbereiten & Zubereiten" auch ganz an den Anfang gestellt. Auf den nächsten Seiten zeigen wir dir viele Möglichkeiten, wie Putzen, Schälen, Schaben, Hacken, Schnippeln, Rühren, Garen, Braten, Backen und Brutzeln leichter von der Hand gehen. Also los: Fangen wir an!

1 ORANGEN SCHÄLEN

1. Schneide die Schale der Orange am oberen und unteren Ende so ab, dass du gerade das Fruchtfleisch sehen kannst.

2. Anschließend schneide die Orange quer dazu bis zur Mitte ein.

3. Wenn du nun die Orange am letzten Schnitt auseinanderbrichst ...

4. ... erhältst du einen Streifen, auf dem die einzelnen Fruchtstücke sitzen.

Der Trick funktioniert auch mit Mandarinen.

2 Leckere Nüsse

Röste Mandeln oder Haselnüsse in einer trockenen Pfanne, bis sich die Haut dunkel verfärbt. Dann gib die Nüsse auf ein Küchentuch, schlage es um und rubbele die Schale herunter.

Durch das Rösten löst sich die Schale leichter und der Geschmack der Nüsse wird intensiver.

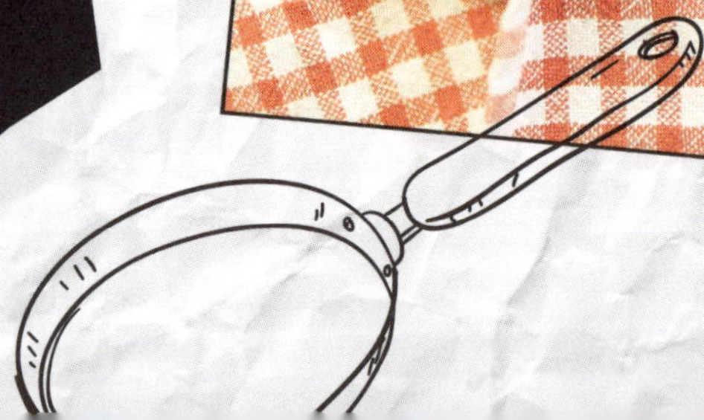

3 MANGO SCHÄLEN

Das Fruchtfleisch einer Mango kannst du sehr schnell von der Schale trennen. Nimm einfach ein stabiles Trinkglas, setze die Mango an einem Ende an und streife das Fruchtfleisch ab.

Der Glasrand sollte nicht zu dick und die Mango sollte reif sein.

4 BACKOFEN AUFHEIZEN

Um den Backofen schnell aufzuheizen, stelle nicht die gewünschte Zieltemperatur, sondern immer die höchste Temperatur oder die Grillstufe ein. Nach wenigen Minuten kannst du die Temperatur dann auf die gewünschte Stufe herunterstellen.

Bei temperaturempfindlichen Gerichten solltest du die Temperatur immer mit einem elektronischen Haushaltsthermometer kontrollieren.

5 SINGLE-KUCHEN

Möchtest du nur einen halben Kuchen backen, falte einfach eine Sperre aus Aluminumfolie und trenne so die Backform in zwei Hälften. Gelingt auch bei Backblechen mit einem gefalteten Streifen.

Wenn du die Backform vorher einfettest, haftet die Alufolie besser und verrutscht nicht so leicht.

6 GRANATAPFEL ENTKERNEN

Besonders sauber und ohne lästige Spritzer lassen sich Granatäpfel unter Wasser entkernen. Den Granatapfel quer durchschneiden und mit den Fingern in einer Schüssel die Kerne lösen.

Die Frucht-kerne sinken nach unten, die faserigen Zellwände steigen an die Wasserober-fläche.

7 Backpapier fixieren

Damit Backpapier in einer Kastenform oder auf einem Backblech nicht verrutscht, kannst du es mit Allzweckklammern fixieren.

Entferne die Klammern, nachdem der Teig eingefüllt ist.

8
Schutzteller

Stoße zwei Löcher durch einen Pappteller und stecke die Rührhaken durch den Teller in das Rührgerät. So bleibt die Küche sauber.

Funktioniert nicht nur als Spritzschutz für Schlagsahne, sondern auch mit Knethaken für Kuchenteig.

9 Schnelle Ofenkartoffeln

Kartoffeln werden schneller gar, wenn du sie zuerst 3–4 Minuten in die Mikrowelle und anschließend 20 Minuten in den Backofen gibst.

Achte darauf, Kartoffeln ähnlicher Größe zu nehmen, da die Garzeit sonst zu sehr variiert.

Pellkartoffeln abschrecken

Pellkartoffeln lassen sich leichter pellen, wenn du sie nach dem Kochen kurz in eiskaltem Wasser abschreckst.

Etwas Öl im Kochwasser erleichtert auch das anschließende Pellen.

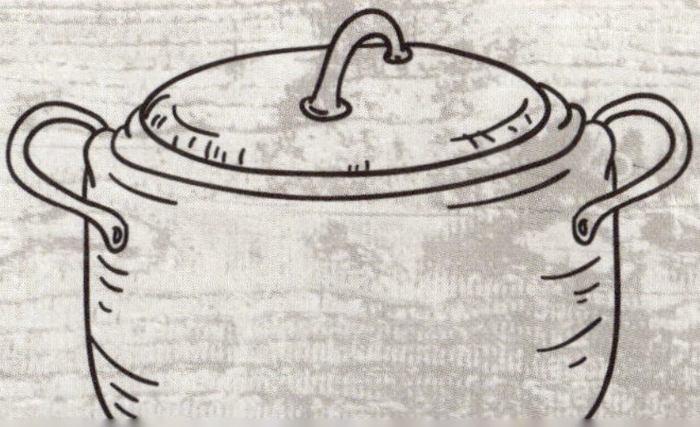

11 TURBOMÜHLE

Verbinde einen Akkuschrauber mit einer handelsüblichen Pfeffermühle, um diese in eine elektrische Mühle umzufunktionieren. Entferne dafür die obere Schraube und spanne das Gewinde in den Akkuschrauber ein. Wenn das Gewindestück zu kurz ist, kannst du auch noch den Mühlenkopf abnehmen.

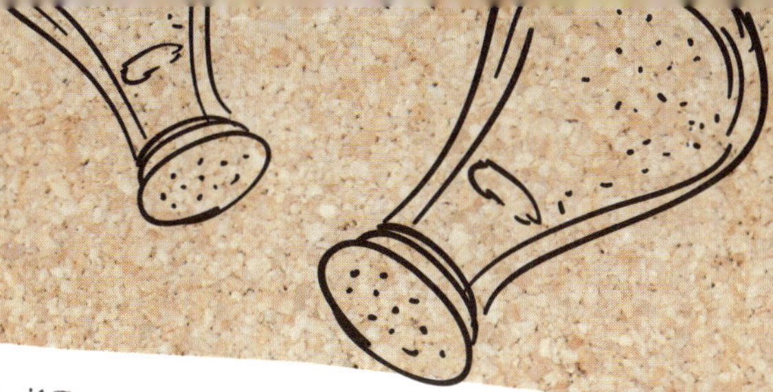

Eignet sich für größere Mengen Pfeffer und schont die Handgelenke. Frisch gemahlener Pfeffer schmeckt auch besser als fertig gekaufter.

12 Quetschkartoffeln

Entferne die Schale nach jedem Pressvorgang aus der Presse.

Wenn du frisch gekochte Kartoffeln pressen möchtest, brauchst du sie vorher nicht zu schälen. Einfach pressen; die Schale bleibt in der Kartoffelpresse zurück.

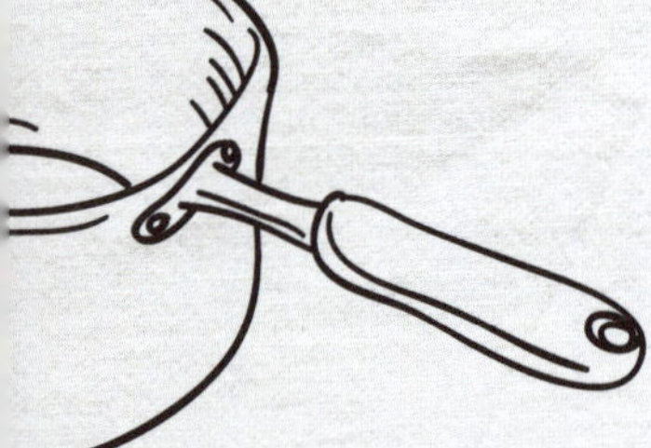

Express-Eischnee 13

Um einen schnellen und stabilen Eischnee zu erhalten, gib vor dem Schlagen einfach 2 EL Zitronensaft hinzu.

Die Proteine verändern sich durch die Zitronensäure und der Eischnee wird dadurch cremiger und gelingt schneller.

GEMÜSESPÜLER 14

Große Mengen ungeschältes Gemüse kannst du in der Geschirrspülmaschine säubern. Das Gemüse kommt in den Spülkorb, dann wird die Maschine ohne Reinigungsmittel angestellt und ca. 15 Minuten laufen gelassen.

Achte vor dem Waschgang jedoch darauf, das Gemüse wenigstens grob von Sand und losem Schmutz zu befreien, damit die Siebe in der Spülmaschine nicht verstopfen.

15 Kletterstopp

Damit der Teig beim Rühren nicht an den Knethaken hochklettert, reibe die Haken vorher mit etwas Öl ein.

Anstelle eines Knethakens kannst du auch deine Hände verwenden. Das gibt nicht nur einen lockeren Teig, sondern hält zusätzlich fit. Gut mit Mehl bestäuben, dann klebt nichts fest.

16 SALAT PUTZEN

Salat und Spinat lassen sich in Salzwasser leichter putzen und bleiben in der Salzlake länger knackig.

Vor dem Servieren unter fließendem Wasser, z.B. in einem Nudelsieb, kurz abspülen.

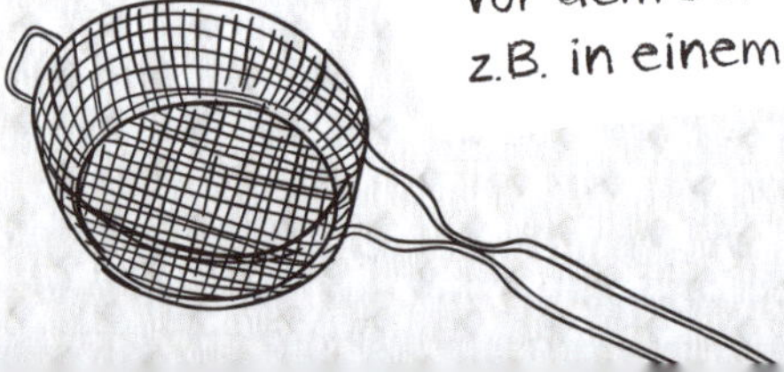

17 Entsafter

Halbiere eine Zitrone und drücke sie zwischen den Griffen einer Grillzange aus, um auch den letzten Saft herauszubekommen.

Wenn du beim Auspressen den Zitronensaft durch eine Käsereibe laufen lässt, werden gleich noch die Kerne mit aufgefangen.

HERZSCHLAG 18

Der Strunk eines Eisbergsalatkopfes lässt sich einfach entfernen, indem du den Salatkopf kräftig mit dem Stielansatz nach unten auf die Arbeitsplatte schlägst.

Der Strunk bricht dabei heraus und kann herausgezogen werden.

19 ENTSALZUNG

Gib Kartoffelwürfel in eine versalzene Suppe oder ein versalzenes Schmorgericht und lasse sie mitkochen. Die Kartoffelstücke binden überschüssiges Salz.

Anschließend kannst du die Stücke einfach mit Gabel oder Löffel herausfischen.

20 Paprika flink entkernen

1. Schneide die obere und untere Seite der Paprika ab.

2. Anschließend schneide die Paprika seitlich ein und im Inneren einmal um das Kerngehäuse herum.

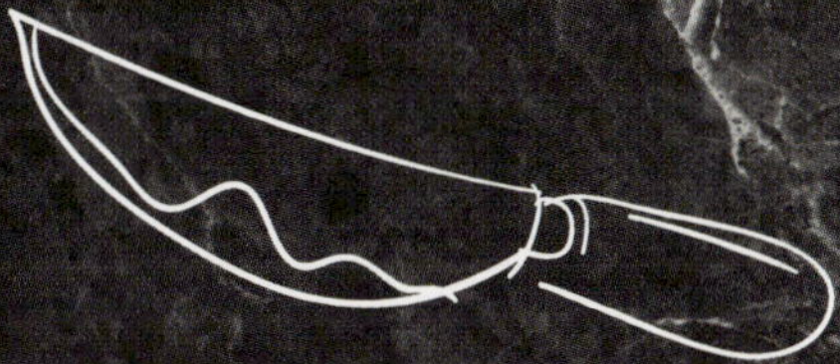

Die Paprikastücke an der oberen Seite lassen sich einfach vom Stängel abbrechen und ebenso verwerten.

3. Übrig bleibt eine sauber entkernte Paprika.

Wenn du einen Handmixer fern einer Steckdose benötigst, kannst du einen Schneebesen mit einem dünnen Stiel in einen Akkuschrauber einspannen.

21 Schnurloser Handmixer

Regle zur Sicherheit die Geschwindigkeit des Akkuschraubers am Anfang herunter.

22 Pizza-Ofen

Auf unglasierten Tonfliesen gebacken, schmecken Pizza oder Brot fast wie beim Italiener.

23 TEIG AUSROLLEN

Kein Nudelholz zur Hand? Verwende zum Ausrollen von Teig einfach eine saubere Glasflasche.

Ganz mutige Lifehacker nehmen einen Besenstiel.

24 SCHUTZSCHICHT

Reibe deine Finger mit Speiseöl ein, bevor du Chilischoten schneidest. So lassen sich die Chili-Rückstände anschließend unter warmem Wasser mit etwas Seife problemlos wieder abspülen.

Das Speiseöl bindet das „brennende" Capsaicin der Chilischoten.

25 Dämpfen mit Sieb

Bringe Wasser in einem Topf zum Kochen; nur so viel, dass das Küchensieb nicht nass wird. Sobald das Wasser kocht, hänge das Küchensieb hinein und gib geschnittenes Gemüse oder Fisch in das Sieb. Deckel drauf, dann wird das Gericht schonend gedämpft.

Behalte den Wasserpegel im Topf ständig im Blick und fülle ggf. Wasser nach. Das Wasser sollte etwa 4–5 cm hoch im Topf stehen.

26 Dosentrick

Feste, stückige oder breiige Doseninhalte lassen sich leichter ausleeren, wenn du die Dose auf beiden Seiten öffnest und den Inhalt anschließend herausschiebst.

Die bodenlosen Dosen kannst du als Servierring verwenden (siehe Seite 112).

27 Sahne-Ersatz

Blumenkohl eignet sich in pürierter Form als gesunder Ersatz für Sahne, z. B. in Cremesuppen.

Blumenkohlpüree ist ein wunderbarer Low-Carb-Ersatz für Kartoffelpüree.

28 Salzhähnchen

Lege Geflügelfleisch vor dem Zubereiten über Nacht in 10-prozentige Salzlake ein. Das Fleisch wird dadurch aromatischer und saftiger.

Damit die Salzlake das Fleisch gut umschließt, verwende einen Zipper-Beutel.

29 Pilze putzen

Die Erdreste an Champignons und anderen Pilzen kannst du sehr gut mit einem Malerpinsel entfernen.

Pilze solltest du nicht mit Wasser abspülen, weil sie sich sonst vollsaugen.

30 Mango halbieren

Die Mango hat an einer Seite einen deutlich erkennbaren „Rücken“. Schneide etwa einen Zentimeter links und rechts neben diesem Rücken das Fruchtfleisch ab.

Vom Mittelstück kannst du noch das Fruchtfleisch rund um den Kern abschneiden.

31 SALAT-ROLLER

Schneide Salatblätter ganz einfach mit einem Pizzaroller. Das gelingt direkt in der Schüssel. So kannst du auch den Feinheitsgrad deines Salates steuern.

Der Pizzaroller eignet sich auch zum Schneiden von Kräutern auf einem Holzbrett.

32 Quick-Peller

Mit einer neuen (!) Klobürste und einer Bohrmaschine kannst du gekochte Kartoffeln in Sekunden pellen. Am besten draußen probieren. Die Kartoffeln in einen großen Eimer geben und mit Wasser (Gartenschlauch) übergießen. Die rotierende Klobürste für 10–30 Sekunden in den Eimer halten. Stets Wasser hinzugeben, da dieses aus dem Eimer geschleudert wird.

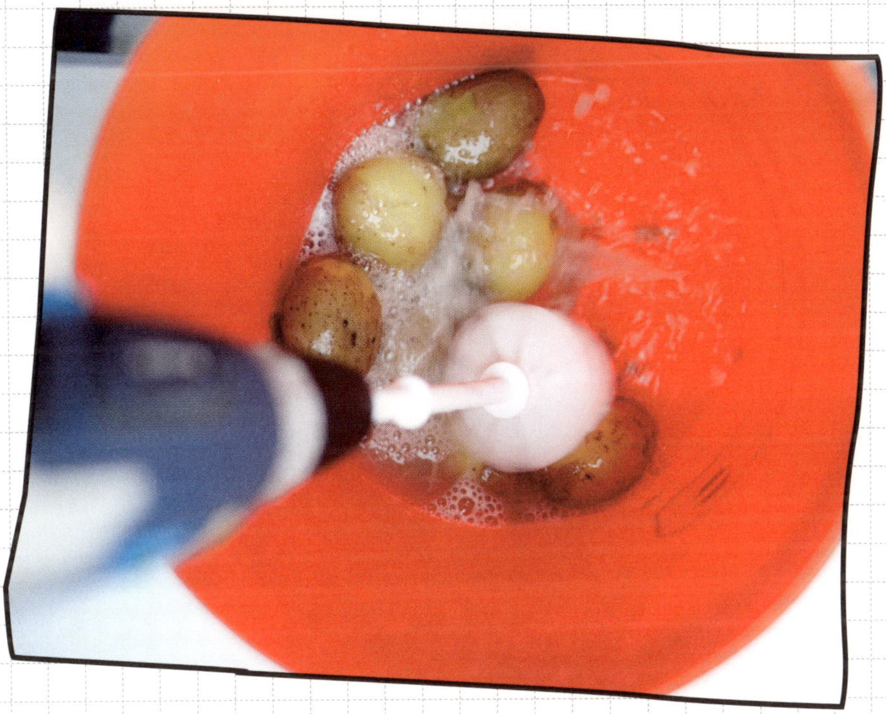

Dies ist ein klassischer Hack aus der Kategorie: Macht man eher nicht, aber es ist verblüffend, dass es funktioniert.

33 SCHNELLER AUFTAUEN

Um gefrorenes Fleisch oder Gemüse schneller aufzutauen, lege es in einen wasserdichten Plastikbeutel und packe diesen in warmes, nicht heißes Wasser. So wird ein Vorgaren vermieden. Das Wasser häufig wechseln, dann taut das Gefriergut innerhalb weniger Minuten auf. Fleisch sofort nach dem Auftauen braten.

Für ein besonders schnelles Auftauen empfiehlt es sich, schon vorab kleinere Portionen oder flach gedrückte Speisen (Hackfleisch, Suppen) einzufrieren.

34 HAMMER-TOPF

Benutze eine kleine Pfanne oder einen schweren Stieltopf, um Fleisch platt zu klopfen.

Eine Lage Klarsichtfolie schützt Fleisch und Topf.

35 KNUSPERFRISCHE BRÖTCHEN

Brötchen vom Vortag werden wieder knusprig und frisch, wenn du sie mit etwas Wasser befeuchtest und anschließend im Backofen noch einmal aufbackst.

Harte Brötchen lassen sich in einer Küchenmaschine immer noch zu Paniermehl verarbeiten.

36 Ingwer schälen

Verwende für das Schälen von Ingwer einen Tee- oder Esslöffel mit relativ scharfer Kante. Mit diesem kannst du die Ingwerschale leicht abschaben und kommst auch in die engen Verästelungen.

Dies funktioniert besonders gut bei frischem Ingwer mit dünner, nicht holziger Schale.

37

Fettspritzer ade!

Gib vor dem Braten etwas Salz in die Pfanne. So vermeidest du Fettspritzer.

38 Knoblauch schälen

Wenn du viel Knoblauch schälen musst, fülle die einzelnen Zehen in ein verschließbares Gefäß und schüttle es kräftig. Die Schalen lösen sich ab.

Unserer Erfahrung nach schmeckt Knoblauch aromatischer und weniger bitter, wenn du ihn mit einem Messer hackst, anstatt ihn durch eine Presse zu drücken.

Aha!

Manchmal lohnt es sich, auf dem Weg zur Küche einen kleinen Umweg zum Werkzeugkoffer zu machen. Viele Werkzeuge können auch in der Küche sehr nützlich sein. Vorausgesetzt natürlich, dass sie nicht verschmutzt sind. Die Power und Drehgeschwindigkeit eines Akkuschraubers können viele Küchengeräte nicht aufbringen.
Der kabellose Betrieb ermöglicht es zudem, den Schrauber draußen oder an Orten ohne Steckdose einzusetzen (siehe Seiten 22, 34, 47 und 64).

Notizen ...

Anmerkungen ...

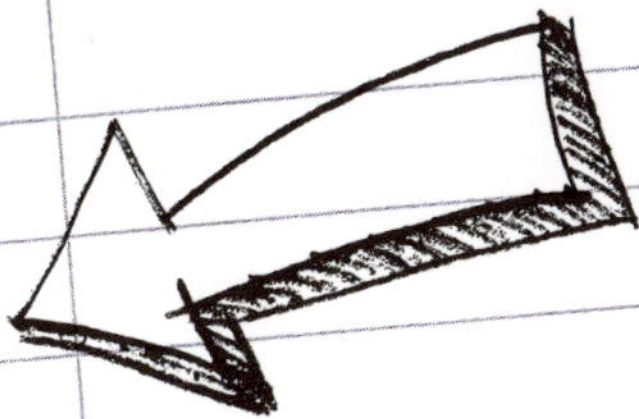

Ausprobieren und Genießen

Wirf ausgeschabte Vanilleschoten nicht weg, sondern gib sie in ein Glas mit Zucker. Der Zucker nimmt das Aroma an.

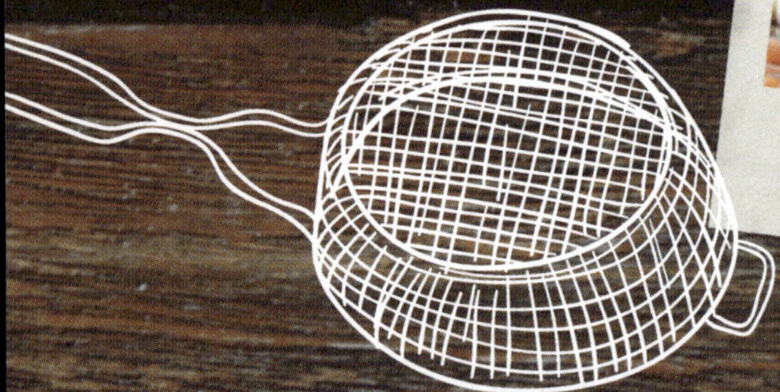

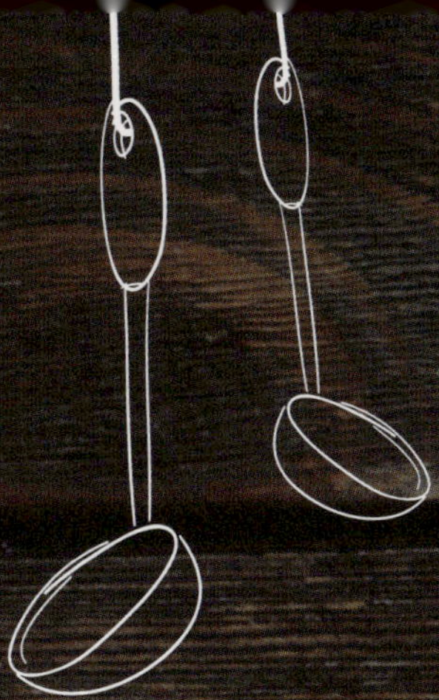

Willkommen auf der Spielwiese!
Im Kapitel „Ausprobieren & Genießen" haben wir außergewöhnliche Ideen, unerwartete Köstlichkeiten und kuriose Kombinationen für dich zusammengetragen. Hier erfährst du, wie du aus wenigen einfachen Zutaten leckere Sachen kochen und backen oder beliebte Fertigsachen selber machen kannst. Auch raffinierte Tipps zum Aufpeppen von alltäglichen Gerichten sind dabei.

39 Frischkäse

Erhitze einen Liter Frischmilch in einem Topf, bis diese aufsteigt. Dann vom Herd nehmen und 30 ml Zitronensaft hinzugeben, sodass die Milch gerinnt. Koche die Zitronenmilch unter Rühren für wenige Sekunden noch einmal auf. Leg dann ein sauberes Geschirrtuch oder Leinen in ein Sieb und gieße die Mischung durch. Die Masse über Nacht im Geschirrtuch im Kühlschrank auskühlen lassen.

Den Frischkäse kannst du mit allerlei Zutaten, wie Knoblauch oder frischen Kräutern und etwas Meersalz, verfeinern.

Das Ganze nur noch mit Wasser aufgießen und fertig ist das sprudelnde Erfrischungsgetränk.

40 Brausepulver

Brausepulver kannst du herstellen, indem du 3 TL-Spitzen Natron, 1 gestrichenen TL Zitronensäure, 1 EL Zucker und 1 EL Götterspeisepulver miteinander vermischst.

41 ÄPFEL BLITZSCHNELL SCHÄLEN

Äpfel lassen sich in wenigen Sekunden schälen, wenn du sie auf einen Akkuschrauber steckst und während des Drehens einen Sparschäler dagegen hältst.

Vielleicht nicht perfekt alltagstauglich, aber allemal ein Spaß für Macher und Zuschauer.

42 Vakuumgaren ganz einfach

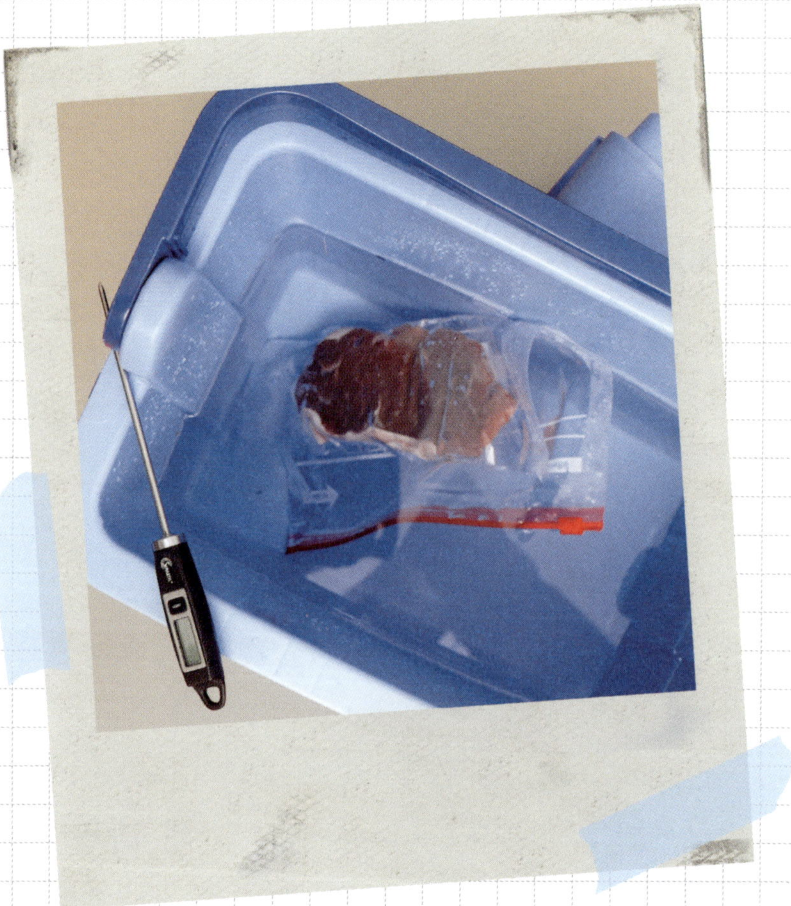

Profiköche lieben Sous-vide, die schonende Garmethode für Fleisch und Gemüse im Vakuumbeutel. Mit diesem Lifehack kannst du es mit simplen Mitteln probieren: Du brauchst eine Kühlbox, ein Küchenthermometer, einen Zipper-Beutel und einen Strohhalm.

Erhitze Wasser auf die gewünschte Temperatur (je nach Gargut zwischen 55–70 °C) und fülle es in die Kühlbox. Gib das Gargut in den Plastikbeutel, sauge die Luft ab (siehe Seite 262) und lege den Beutel gut verschlossen in das Wasserbad. In der Kühlbox hält sich die Temperatur des Wassers lange genug, um das Fleisch vorzugaren. Die Garzeit beträgt 2–3 Stunden. Man kann das Fleisch auch länger darin aufbewahren, denn durch das Garen bei der gewünschten Zieltemperatur kann das Fleisch nicht übergaren.

Nach der Garzeit kannst du das Fleisch noch in der Pfanne scharf anbraten, so ist es außen schön kross und innen saftig-zart.

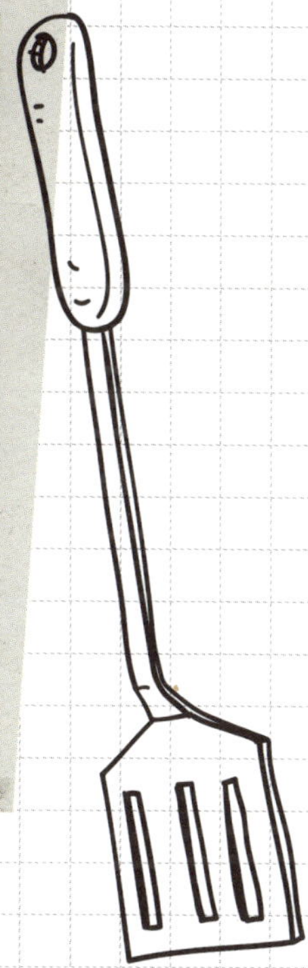

43 Schnaps statt Backpulver

Backpulver leer? Du kannst auch einen Schnaps oder Branntwein verwenden, damit der Kuchen aufgeht.

Obwohl beim Backen viel vom Alkohol verfliegt, solltest du den Kuchen nur Erwachsenen servieren.

Schneller Schokokuchen 44

Das ultimative Zwei-Zutaten-Rezept für Naschkatzen:
100 g Nussnougatcreme + 1 Ei = Schokoladenkuchen. Yummy!
In einer Form bei 180°C für 15–20 Minuten backen.

Wie du deine eigene Nussnougatcreme herstellen kannst, verraten wir dir auf Seite 99.

45 Olivenstreu

Erhitze einige kernlose Oliven für 2–3 Minuten in der Mikrowelle auf der höchsten Stufe. Dann öffne die Tür, um den Wasserdampf abziehen zu lassen. Wiederhole diesen Vorgang noch 1–2 Mal, bis du die Oliven zwischen den Fingern zerbröseln kannst.

Die Olivenkrümel haben ein intensives, salziges Aroma und können als Gewürz zu Salat, Fisch oder Käse gegeben werden.

46 Suppenpulver

Für selbst gemachtes Suppenpulver mische
3 EL Salz,
5 EL Trockengemüse,
5 Pfefferkörner,
2 Lorbeerblätter
in einem Mixer.

Du erhältst ein gesundes Suppenpulver ohne Zusatzstoffe zum Verfeinern von Soßen und Suppen.

SCHWEINE-ÖHRCHEN

47

1 Bestreue eine Platte Blätterteig mit Zucker und rolle sie von beiden Seiten zur Mitte auf.

2 Schneide ca. 1 cm dicke Streifen ab und lege sie auf einen Bogen Backpapier.

3 Die Schweineöhrchen für 20 Minuten bei 180 °C backen, bis sie goldbraun sind.

Du kannst die Schweineöhrchen nach dem Auskühlen auch mit den Ohren noch in geschmolzene Schokolade tauchen.

48 Buttern mit jedem Messer

Kein Buttermesser zur Hand? Wenn du ein Küchenmesser umdrehst, also den Klingenrücken verwendest, kannst du Butter leichter entnehmen und verstreichen als mit der scharfen Seite.

Auf Seite 113 erfährst du, wie du harte Butter schnell streichbar bekommst.

49

Hefeteig-Mix

Bereite eine Backmischung aus 1 kg Mehl, zwei Päckchen Trockenhefe, ½ EL Salz und 1 EL Zucker vor. Mit einem Teil Wasser oder Milch auf zwei Teilen der Backmischung hast du dann später im Handumdrehen einen Hefeteig für Kuchen, Brot, Pizza und andere Leckereien.

Den Hefeteig nach dem Anrühren wie gewohnt aufgehen lassen.

50 Trinkschokolade

Für leckere Trinkschokolade mische einen Teil Rohkakaopulver mit zwei Teilen Zucker und einer Prise Salz. Schmeckt mit kalter und warmer Milch.

Du kannst auch noch etwas Vanillezucker dazugeben.

Das Kneten ist eine klebrige Angelegenheit. Fette Deine Hände, Arbeitsflächen und -geräte ein, um sie vor der Zuckermasse zu schützen.

51

MARSHMALLOW-FONDANT

Für einfachen Fondant zum Verzieren von Torten und Kuchen vermische 100 g Marshmallows und 1 TL Wasser. Das Ganze für 50 Sekunden in die Mikrowelle geben, dann gut durchrühren und weitere 50 Sekunden erhitzen. Danach ca. 200 g Puderzucker einkneten; die Masse sollte die Konsistenz von Spielzeugknete haben. Nach Belieben noch mit Speisefarbe einfärben, dann auf einer Silikonmatte ausrollen und nach Wunsch zuschneiden.

52 Kräutersalz

Kräuter- und Gewürzsalze lassen sich einfach selbst herstellen und sind preiswerter als gekaufte. Vermische dazu im Mixer einfach Meersalz mit Kräutern deiner Wahl.

Zur Herstellung besonders raffinierter Kräutersalze eignen sich getrocknete Zitronenschalen, Bärlauch, Rosmarin, getrocknete Pilze oder Chiliflocken.

Kartoffelchips-Panade 53

Fein zerstoßene Kartoffelchips geben eine würzige Panade für Fleisch. Einfach mit geschlagenem Ei wie gewohnt panieren.

So lassen sich auch weich gewordene Kartoffelchips noch verwerten.

SPÜLMASCHINEN-LACHS

54

Gib rohen Lachs mit einigen Gewürzen, Kräutern und Zitrone in einen dicht verschließbaren Zipper-Beutel und lasse ihn im Geschirrspüler ohne Spülmittel garen. Das Spülprogramm einmal komplett durchlaufen lassen.

Die meisten Spülmaschinen arbeiten bei Temperaturen von 50–60 °C. Das ist die ideale Temperatur, um Fisch zu garen.

Extraknusprige Pommes 55

Selbst gemachte Pommes werden knuspriger, wenn du die Kartoffelstreifen einige Stunden in Salzlake einlegst.

Trockne die Kartoffelstreifen gut ab, bevor du sie ins heiße Fett gibst.

56 Zuckerstangen-Pulver

Pulverisiere Zuckerstangen oder Bonbons im Mixer und füge sie zu ALLEM hinzu.

Die weiß-roten Streusel sind dekorativ und schmecken oft nach Vanille und Erdbeere. Mit 3–4 TL Pulver kannst du auch eine leckere Erdbeermilch herstellen.

Wenn du statt Kakaopulver eine Vanilleschote und ein Eigelb verwendest, erhältst du Vanillepudding.

57 Schokopudding

Verrühre 4 EL Speisestärke, 1 EL Rohkakaopulver, 4 EL Zucker mit 4 EL kalter Milch. Rühre die Mischung in 500 ml kalter Milch ein und koche sie unter Rühren auf, bis die Masse puddingartig ist.

58 INGWER GEGEN ÜBELKEIT

Schneide ein Stück Ingwer in dünne Scheiben und übergieße diese mit kochendem Wasser. Dieser Tee kann wahre Wunder gegen Übelkeit bewirken.

Ingwer wirkt beruhigend auf den Magen-Darm-Trakt und wird schon seit Jahrhunderten von Seefahrern gegen die Seekrankheit eingesetzt.

59 Currypulver

Zerstoße je 1 TL Kurkuma, Ingwer, Kardamom, Senfkörner, Fenchelsamen, Kreuzkümmel, Koriandersamen, Muskatblüte, schwarzen Pfeffer, Zimt, Nelken und Chiliflocken in einem Mörser oder mahle es in einer Küchenmaschine.

Erhitze die Gewürze erst in der Pfanne, damit sie ihr volles Aroma entfalten können. Stelle immer kleine Mengen her, denn das frisch gemahlene Pulver ist besonders aromatisch.

60 KOKOS-MILCH

1. Öffne zuerst die Vertiefungen an der Oberseite der Kokosnuss, um das Kokoswasser herauszulassen. Dazu Hammer und Schraubenzieher verwenden. Damit die Kokosnuss nicht wegrutscht, kannst du sie auf ein stabiles Glas stellen. Das Kokoswasser in ein Glas laufen lassen und beiseite stellen.

2. Zum Öffnen der Schale die Kokosnuss in die Hand nehmen und – entlang einer gedachten Linie – rundum mit einem Hammer schlagen.

3. Die Schale bricht auf und die zwei Hälften können geteilt werden.

4. Für Kokosmilch gib das Kokoswasser zusammen mit dem -fleisch in eine Küchenmaschine und püriere es für mehrere Minuten zu einer glatten Kokosmilch. Sollte das Gemisch zu dick sein, gib etwas Leitungswasser hinzu. Um wirklich keine Rückstände zu erhalten, kannst du die Milch noch durch ein feines Sieb gießen.

Probiere den Trick auch mit anderen Nüssen, wie Mandeln oder Haselnüssen, aus. Schmeckt lecker pur oder im Kaffee.

61 Kokossahne

Aus eiskalter Kokosmilch aus der Dose lässt sich mit einem Handrührgerät eine köstliche Kokossahne herstellen. Nimm dafür den Kokosrahm, der sich in der Dose oben absetzt. Die Dose vorher am besten über Nacht in den Kühlschrank stellen.

Die Sahne kannst du noch mit Vanillezucker oder Zimt verfeinern.

62 Vanillezucker

Ausgeschabte Vanilleschoten solltest du nicht wegwerfen, sondern in ein Glas mit Zucker geben. Der Zucker nimmt das Vanillearoma an.

Du kannst die Schoten auch mit Korn oder Wodka in einem Mixer zerkleinern und diese Mischung einige Wochen ziehen lassen. Dann erhältst du Vanilleextrakt, den du zum Backen verwenden kannst.

PFANNEN BROT

63

Hefeteig für Fladenbrot, Pizza oder Flammkuchen lässt sich statt im Backofen auch einfach in der Pfanne zubereiten.

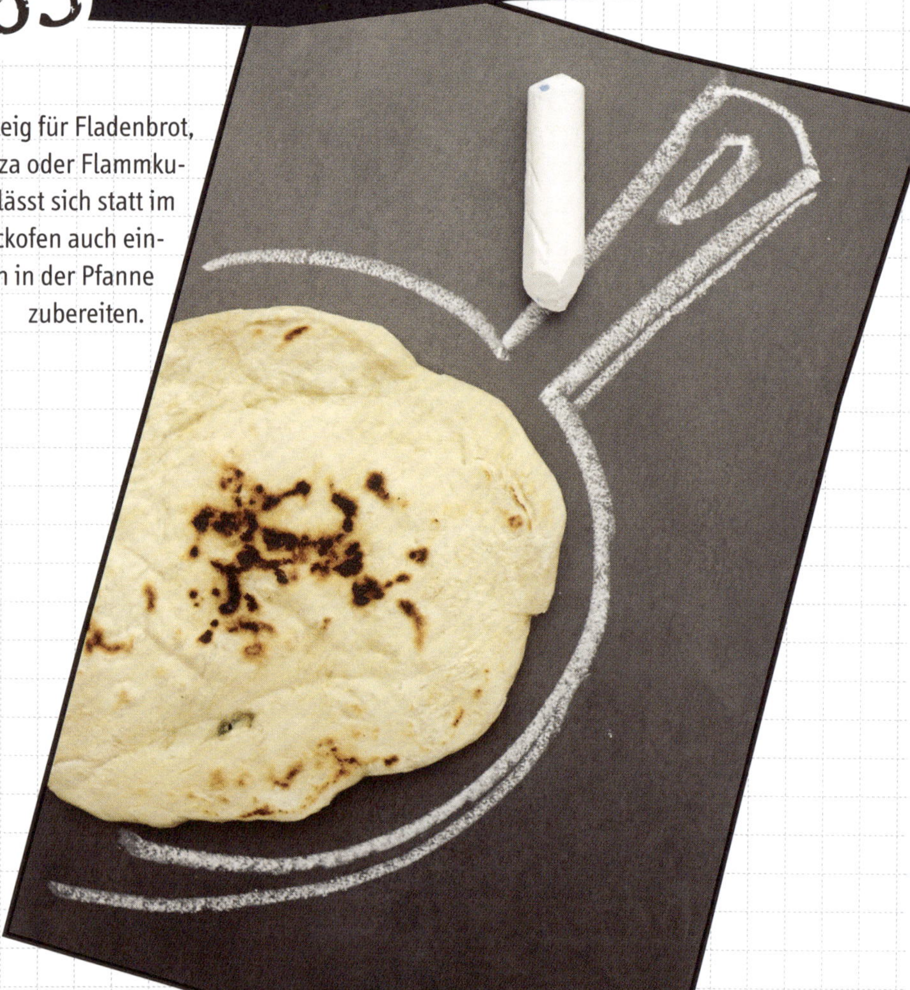

Der Kreativität für Beläge sind keine Grenzen gesetzt. Du solltest jedoch die Temperatur in der Pfanne möglichst gering halten, damit der Teig nicht anbrennt.

64 Gesunder Ketchup

Erhitze 200 g Tomatenmark, 250 ml Wasser, 50 g Zucker, 30 ml Essig, 1 große gewürfelte Zwiebel, 1 geriebenen Apfel, 5 Nelken, 5 schwarze Pfefferkörner, 1 Lorbeerblatt, ½ EL Salz bei mittlerer Hitze in einem Topf. Lasse die Sauce eine Stunde bei kleiner Hitze köcheln; dabei immer wieder umrühren. Dann kannst du die Gewürze herausfischen und Apfel und Zwiebelstücke pürieren.

Der Ketchup wird heiß in eine Flasche abgefüllt und muss einige Tage kühl stehen, damit sich das Aroma entfalten kann.

65 Formschöne Spiegeleier

Schneide eine dicke Scheibe aus einer Paprika oder verwende einen dicken Zwiebelring, um Spiegeleier in der Pfanne in Form zu halten.

Durch die Gemüseringe lassen sich auch mehrere Spiegeleier gleichzeitig in der Pfanne zubereiten, ohne dass diese ineinanderlaufen.

Du musst nicht besonders stark oder schnell schütteln, damit der Trick gelingt. Nach etwa fünf Minuten solltest du bereits frische Butter haben. Die restliche Flüssigkeit ist Buttermilch.

66 BUTTER SELBER MACHEN

Fülle frische, zimmerwarme Sahne in ein großes Schraubglas. Schüttle das Glas, bis sich ein gelber Klumpen in der Flüssigkeit bildet.

67 Fruchtröllchen

Für eine gesunde Süßigkeit püriere Früchte aus der Dose (ohne die Flüssigkeit) und verteile das Püree gleichmäßig auf Backpapier. Trockne die Masse 6–8 Stunden bei 50 °C im Ofen. Anschließend schneide die Platte in Streifen und rolle diese auf.

Wenn du frische Früchte verwenden möchtest, solltest du sie vor dem Pürieren in einem Sirup aus einem Teil Wasser und einem Teil Zucker kochen.

68 EISCREME-KUCHEN

Hierfür benötigst du Self-Rising Flour (siehe rechts). Mische einen Teil davon mit zwei Teilen Eiscreme und backe die Masse bei 180 °C für 30–40 Minuten.

Probiere die verschiedensten Eiscreme-Sorten aus!

69 Self-Rising Flour

In amerikanischen Rezepten findet man manchmal die Zutat Self Rising Flour. Diese kannst du sehr einfach selbst herstellen. Vermische dazu 500 g Mehl mit 4 TL Backpulver und ½ TL Salz.

Diese Mischung kannst du auch in größeren Mengen vorbereiten und in einem Vorratsglas aufbewahren. Rezepte dazu findest du auf den Seiten 96 und 232.

70 Mikrowellen-Milchschaum

Gib frische Milch in ein Schraubglas und schüttle sie, bis sich das Volumen der Milch ungefähr verdoppelt hat. Gib das Glas anschließend ohne Deckel für wenige Sekunden in die Mikrowelle, um den Schaum zu stabilisieren.

Achte darauf, dass die Milch in der Mikrowelle nicht überkocht, da sich eingebrannte Milch schwer wieder entfernen lässt.

71 Nussnougat-creme

Zerkleinere in einer Küchenmaschine 100 g geröstete und geschälte Haselnüsse (siehe Seite 12), 1 EL Öl, 50 g Rohrzucker, 1 Päckchen Vanillezucker, 10 g Kakaopulver, ½ Tafel Schokolade und 1 Becher Sahne. – Fertig ist die selbst gemachte Nussnougatcreme!

Probiere auch mal andere Nüsse oder Schokosorten aus, um deinen eigenen Lieblingsbrotaufstrich zu kreieren.

Aha!

Küchengegenstände aus Glas haben den Vorteil, dass sie keinerlei Reaktion mit den Lebensmitteln eingehen. Und man muss sie nicht extra kaufen. Einfach Gläser von Marmeladen und Konserven gründlich reinigen und wiederverwenden. Diese Schraubgläser sind nicht nur nützlich zur Aufbewahrung von Lebensmitteln. Für Lifehacker werden daraus perfekte Küchenutensilien (siehe Seiten 86, 93, 98, 154 und 275).

Eigene Ideen ...

Ergänzungen ...

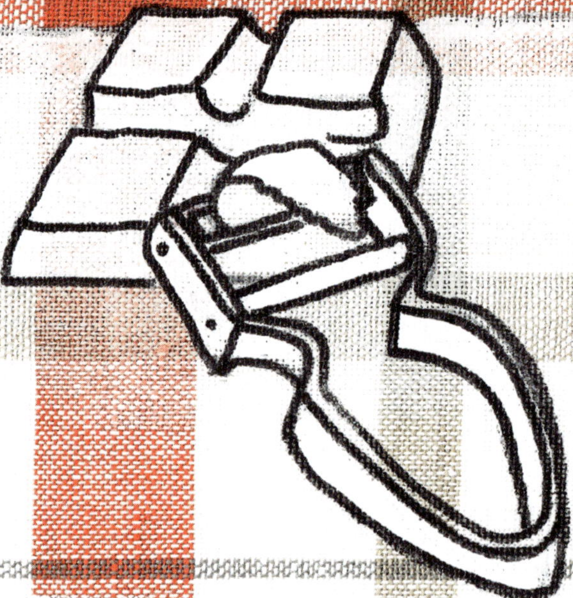

Mit einem Spar-
schäler kannst du
Schokoladenspäne
zum Verzieren von
Torten und Desserts
herstellen.

Garnieren und Servieren

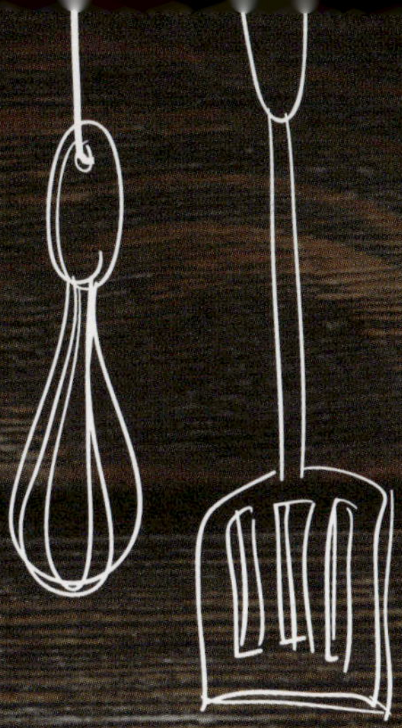

Das Auge isst mit. Deshalb möchten wir dir im Kapitel „Garnieren & Servieren" viele Tipps geben, wie du mit Kreativität und ungewöhnlichen Mitteln aus einem guten Essen ein perfektes Essen zaubern kannst. Deine Gäste werden begeistert sein! Aber auch du wirst sehen, mit welch einfachen Tricks man verblüffende Effekte erzielen kann. Außerdem zeigen wir dir kleine Kniffe, wie du kleine Pannen beheben oder Vergessenes in letzter Minute nachholen kannst.

72 Mango-Igel

Eine Mangohälfte kannst du kreuz und quer bis auf die Schale mit einem Messer einschneiden und diese anschließend umstülpen. Der Mango-Igel eignet sich wunderbar als Dekoration auf kalten Platten oder zum gemütlichen Verzehr auf der Couch.

Wie du eine Mango halbierst, erfährst du auf Seite 44.

MARMORIERTE EIER

73

Koche ein Ei für zwei Minuten. Dann knicke die Schale rundherum an und koche das Ei für weitere sechs Minuten in einem Sud aus schwarzem Tee und dunkler Sojasoße. Lass das Ei im Sud abkühlen.

Nach dem Pellen hat das Ei ein schickes Muster und ein schönes Aroma.

SPRUDELSCHUTZ

74

Halte eine Flasche mit kohlensäurehaltigem Getränk beim Öffnen schräg. Dies verhindert das Überschäumen. Funktioniert auch mit Sekt.

Durch die Schräglage vergrößert sich die Fläche, über die die Kohlensäurebläschen entweichen können, und der Druck wird vermindert.

Wein 75 dekantieren

Wein entfaltet sein volles Aroma erst, wenn er Zeit hat, an der Luft zu „atmen“. Um diesen Prozess zu beschleunigen, kannst du ihn einfach für wenige Minuten im Standmixer belüften.

Es hilft auch, den Wein mehrfach zwischen zwei Gläsern hin und her zu schütten.

76 Servierring

Um einen einfachen Servierring zu erhalten, entferne mit einem Dosenöffner sowohl den Deckel als auch den Boden einer Thunfischdose. Gut auswaschen.

Es gibt Dosenöffner, die schneiden die Dose seitlich auf, sodass kein scharfer Grat entsteht. Mit solch einem Dosenöffner funktioniert der Trick noch besser.

77 Butterstativ

Kühlschrankharte Butter kannst du streichfertig machen, indem du sie auf drei Zahnstocher und dann in die Mikrowelle stellst. Beobachte den Vorgang: Sobald die Butter weich genug ist, kippt das Stativ um.

Für kleinere Mengen Butter kannst du auch den Trick auf Seite 126 anwenden.

Schoko-schälchen

78

1. Schmelze ca. 100 g Kuvertüre im Wasserbad und tauche einen kleinen, aufgeblasenen Ballon in die Kuvertüre.

2. Stelle den schokolierten Ballon an einem kühlen Ort auf Backpapier ab, bis die Kuvertüre erstarrt ist.

Wenn du statt Ballons kleine Wasserbomben verwendest, kühlt die Kuvertüre am Ballon schneller ab und durch das Wasser im Inneren platzt der Ballon nicht so leicht.

3. Dann kannst du den Ballon zerstechen. Übrig bleibt ein selbst gemachtes Schokoschälchen.

Torten zelt

79

Um Tortenverzierungen beim Transport zu schützen, stecke Spaghetti schräg in die Torte und lege dann Klarsichtfolie darüber.

Die Spaghetti sollten nicht zu lang sein, damit sie nicht abbrechen.

80 Messertrick

Schneide das erste Tortenstück mit zwei Messern zu. So kannst du die Größe des Stückes bestimmen und dieses auch direkt zwischen den beiden Messern herausheben.

Auch die weiteren Stücke lassen sich so zwischen den Messern auf Teller heben, falls kein Tortenheber zur Hand ist.

81 Schräglage

Um einen tollen Effekt beim Servieren zu erzielen, halte Cocktailgläser schräg und befülle sie mit zweierlei Leckereien, z. B. Pudding und Fruchtpüree.

Die Küchenrolle gibt zusätzlichen Halt und erleichtert es, mehrere Gläser im gleichen Winkel zu befüllen.

82 KAKAO-STREUER

Fülle Kakaopulver in einen leeren Salzstreuer. An der Kaffeetafel kannst du so deinen Milchkaffee oder Kuchen mit einer dünnen Kakaoschicht bestreuen.

Statt Kakao kannst du auch Zimt in den Salzstreuer geben.

83 ZUCKERSÜSS

Befülle Spritzflaschen mit Kuvertüre oder Zuckerguss, um dekorative Muster auf Torten oder Kuchen spritzen zu können.

84 Trockene Stimmung aufhellen

Wenn dein Kuchen etwas zu trocken geworden ist, kannst du ihn mit Likör oder Sirup beträufeln und so wieder saftiger machen. Vorher mit einem Holzstäbchen ein paar Löcher stechen.

Achte jedoch darauf, nicht zu viel Flüssigkeit auf einmal auf den Kuchen zu geben, sondern diese erst einziehen zu lassen und die Prozedur ggf. mehrfach zu wiederholen.

85

Heißes Eisen

Tauche dein Messer vor dem Schneiden von Torte, Butter oder Eiscreme in heißes Wasser.

Wenn du nur einen Schnitt machen möchtest, genügt es, das Messer kurz unter den heißen Wasserstrahl zu halten.

86 Spaghetti-Eis

Drücke Vanilleeis durch eine Kartoffelpresse, um ganz einfach Spaghetti-Eis herzustellen.

Dazu etwas Erdbeersoße und geraspelte weiße Schokolade oder Mandeln – yummi!

87 Frittierte Kräuter

Vermenge eine Handvoll frischer Kräuter mit 1 EL Öl und gib die Kräuter für 3–4 Minuten in die Mikrowelle. Die Kräuter werden frittiert und können ihr ganzes Aroma entfalten.

Schmeckt super lecker als Topping auf knackigen Salaten und ist eine hübsche Deko für Suppen und andere Speisen.

33 Garnelenstäbchen

Dekorative Garnelenspieße kannst du mit Essstäbchen aus Holz fertigen.

Die Essstäbchen gibt es günstig und in größeren Mengen in Asialäden.

89 WÄRME-GLOCKE

Ein kleines Stück Butter kannst du mit einem angewärmten Glas streichfertig machen: Das Glas darüber setzen und ein paar Minuten warten.

Das Glas vorher einfach kurz unter fließend heißes Wasser halten und abtrocknen.

90 Ketchup-Trick

Um Ketchup aus der Flasche zu bekommen, hilft es, diese schnell seitwärts zu schwenken. Dafür packst du die Flasche am besten am Boden und schwingst die Flaschenspitze hin und her.

Ketchup verändert bei Bewegung seinen Festigkeitszustand. Durch Schwingen entsteht mehr Bewegung als durch ruckartiges Stoßen.

91 Schmelzkäse-Figuren

Verwende Keksausstecher, um Formen von Schmelzkäsescheiben durch die Verpackung auszustechen. Die Förmchen zum Ausstechen umdrehen, d. h. die weniger scharfe Seite verwenden.

Die Folie wird nicht durchstochen und du kannst die Motive leichter entnehmen. Verwende, passend zum Anlass, die verschiedensten Förmchen.

Die lustigen Schmelzkäse-Figuren machen sich besonders gut auf kalten Buffets und Kinderpartys.

Pfannkuchen-Figuren

92

Brate Pfannkuchen in Keksförmchen. Den Teig dünn einfüllen und bei niedriger Temperatur garen.

Zusätzlich verziert mit Schokosauce oder leckerem Obst kannst du wahre Kunstwerke auf die Frühstücksteller zaubern.

93 Bananen-Delfine

Die lustigen Bananen-Delfine lassen sich mit wenigen Messerschnitten basteln: Einfach ein Stück Banane abschneiden und am Stiel das Maul einschneiden. Die Augen mit einem Stift aufsetzen und eine Frucht ins Maul stecken.

Aus Bananenresten kannst du gesundes Eis machen (siehe Seite 160).

94 Glatter Zuckerguss

Eine Prise Salz im Zuckerguss verhindert, dass dieser auskristallisiert.

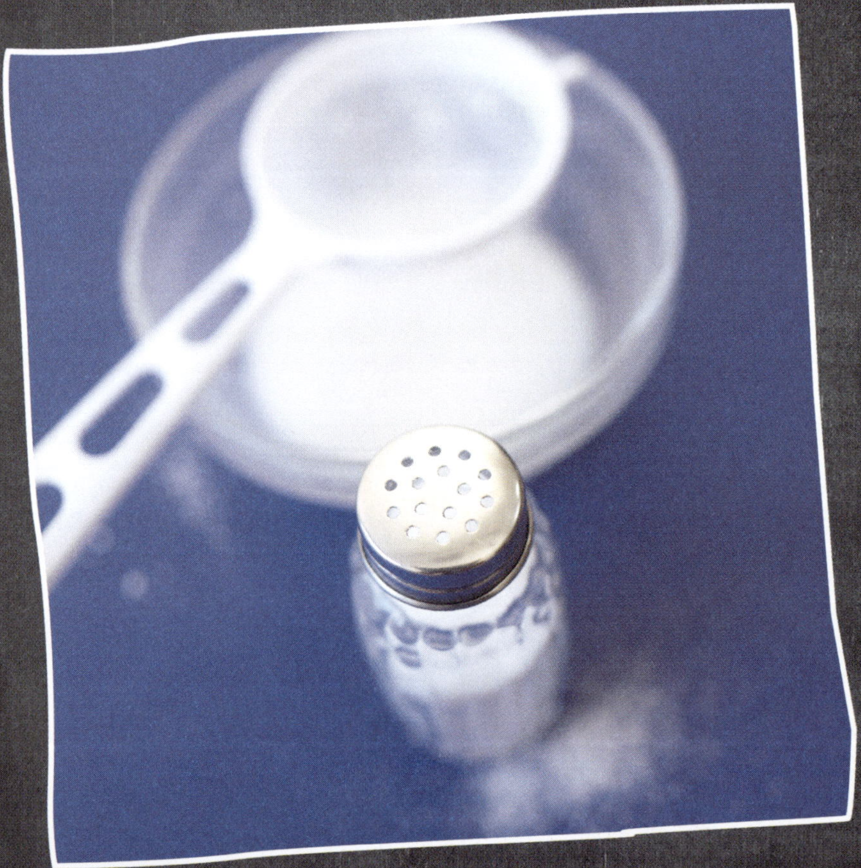

Mithilfe einer Spritzflasche lässt sich der Zuckerguss dekorativ verteilen (siehe Seite 120).

95 Streusel-Muster

Verwende Ausstechformen, um Streusel auf Torten dekorativ zu platzieren.

Funktioniert auch mit Schokospänen. Wie du diese selber machen kannst, erfährst du nach dem Umblättern.

96 Gugelhupf-Flickerei

Sollte dein Gugelhupf einmal nicht heil aus der Form kommen, so kannst du ihn mit steif geschlagenem Eiweiß wieder zusammenkleben.

Gelingt auch mit einer Mischung aus einem Eiweiß, 150 g Puderzucker und etwas Zitronensaft. Steif schlagen, den Kuchen flicken – und den Rest einfach als Glasur verwenden.

Schokospäne

97

Mit einem Sparschäler kannst du ganz einfach dekorative Schokoladenspäne für Torten oder Desserts herstellen.

Schokospäne schmecken auch im morgendlichen Müsli lecker.

98 Apfelschwan

1. Schneide eine Scheibe von einem Apfel ab.

2. Setze den Apfel wie abgebildet auf und schneide an beiden Seiten gleichmäßige Ecken heraus. Aus diesen schneide kleinere Ecken heraus. Je dünner die Ecken sind, desto besser ist der Effekt.

3. Damit die Stücke nicht braun werden, pinsel alle Schnittflächen mit Zitronensaft ein.

4. Setze die Ecken auf und verschiebe sie etwas. Für den Kopf schneide eine kleine Vertiefung in den Schwanenkörper und stecke ihn hinein.

5. Voilà – ein Apfelschwan!

Du kannst den Kopf auch mit einem Zahnstocher aufstecken. Aus Apfelkernen kannst du Augen machen. Diese einfach längs ins Fruchtfleisch drücken.

99 PARMESAN-TALER

Gib ein Häufchen grob geraspelten Parmesan bei mittlerer Hitze in eine beschichtete Pfanne. Wenn der Käse beginnt, an der unteren Seite braun zu werden, wende ihn. Lecker zu Salat, Nudelgerichten und Suppen.

Größere Mengen der Parmesantaler kannst du auch auf Backpapier im Ofen machen. Bei 180 °C backen, bis der Käse verlaufen und goldbraun ist (ca. 20 Minuten).

100 Eier-Herz

Falte einen Pappteller in der Mitte und schneide eine rechteckige Form aus. Koche nun ein Ei für neun Minuten, pelle es und spanne das heiße Ei wie abgebildet mit einem Essstäbchen und Gummibändern in die Pappe. Nach dem Abkühlen bleibt das Ei in Form.

Die Herz-Eier sind ein toller Hingucker auf kalten Platten oder – in Scheiben geschnitten – als Cracker-Belag.

Aha!

Du weißt nicht, wohin mit den Dips, Snacks & Co? Dann probier's mal mit einem Muffinblech! Muffinbleche gibt es in verschiedenen Größen und Formen. Sie eignen sich nicht nur, um kleine Kuchen zu backen. In den kleinen Mulden kannst du allerlei Leckereien servieren, von den Zutaten für Burger und Wraps, über Dips und Soßen bis hin zu Knabbereien am Videoabend. Die kleinen, meist antihaftbeschichteten Formen des Muffinbleches erlauben es auch, kleine Portionen von Lieblingsgerichten herzustellen (siehe Seiten 220 und 233).

Eigene Ideen ...

Kugelschreiber-

Spielwiese

Snacks und Mahlzeiten

Schneide Wassermelonen nicht in Scheiben, sondern in Stifte.

00:00

Es muss ja nicht immer gleich das Fünf-Gänge-Menü sein, wenn man Hunger hat. Im Alltag, bei der Arbeit oder unterwegs drückt häufig die Zeit und es muss rasch ein schneller Imbiss her. Im Kapitel „Snacks & Mahlzeiten" zeigen wir dir, wie du aus einfachen Zutaten und ohne großen Aufwand kleine, günstige, aber leckere Snacks zubereiten kannst. Wir wünschen dir Guten Appetit!

101 Fleischklops in der Tasse

Vermenge 2 EL Milch, 1 EL Ketchup, 2 EL Haferflocken, 1 TL Zwiebelsuppe und 100 g Rinderhack und gib die Masse in eine Tasse. Nach 3–5 Minuten in der Mikrowelle bei 700 Watt erhältst du eine schmackhafte Tassenfrikadelle.

Gelingt blitzschnell und du hast hinterher wenig zu spülen.

102 Omelett in der Tasse

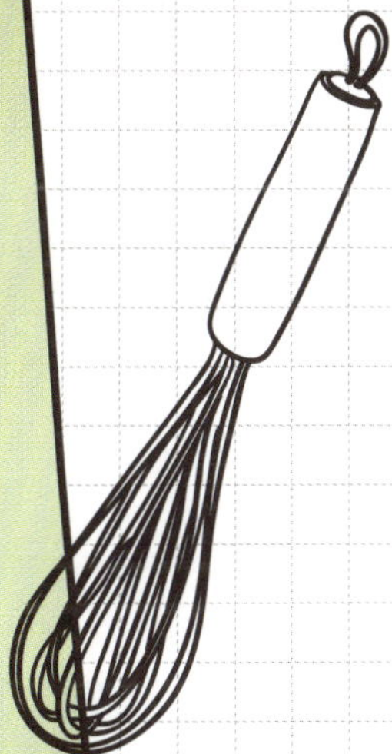

Du kannst noch Kräuter und Reibekäse hinzugeben.

Verquirle 2 Eier, Tomatenstücke, Schinkenwürfel, Salz und Pfeffer in einer eingefetteten, mikrowellenfesten Tasse. Etwa zwei Minuten bei 700 Watt in der Mikrowelle backen, bis die Eier gestockt sind.

103 Tellertrick

Um schneller satt zu werden, verwende bewusst kleinere Teller. Diese sehen voller aus und du isst automatisch weniger.

Soll auch helfen: vor dem Essen ein großes Glas Wasser trinken, öfter kauen, langsamer essen.

Mozzarella-Waffeln

104

Für leckere Mozzarella-Waffeln schneide den Mozzarella in ca. 1 cm dicke Scheiben, paniere sie in verquirltem Ei und Paniermehl und backe sie bei mittlerer Hitze im leicht eingefetteten Waffeleisen aus.

Du kannst die Panade mit gehackten Kräutern verfeinern.

105 KARTOFFELCHIPS

Lege dünne Kartoffelscheiben auf einen mit Öl bestrichenen Teller. Backe sie von beiden Seiten je drei Minuten in die Mikrowelle, bis du goldene, luftige Kartoffelchips hast.

Würze die Chips nach dem Backen nach Geschmack, zum Beispiel mit Salz und Paprikapulver.

Knabber-stangen 106

Schneide Blätterteig in Quadrate oder Streifen, bestreiche diese mit Eigelb und bestreue sie mit einer Mischung aus geriebenem Käse und Ölsaaten, wie Sesam, Mohn, oder Sonnenblumenkernen. Bei 180 °C im Ofen backen, bis das Gebäck goldbraun ist.

Experimentiere mit verschiedenen Käse- und Saat-Sorten, um deine Lieblingssnacks zu kreieren.

107 Salat im Glas

So bleibt der Salat knackig: Fülle unten ins Glas das Dressing, darauf die festen Zutaten wie Käse, Karotten, Tomaten oder Zwiebeln. Darüber gib den Blattsalat und obenauf schließlich knusprige Zutaten wie Nüsse oder Croutons. Erst vor dem Verzehr schütteln.

Wenn du das vakuumverschließbare Glas (siehe Seite 275) verwendest, kannst du Salate auf Vorrat vorbereiten.

108 Melone schneiden

Schneide Wassermelonen nicht in Scheiben, sondern in Stifte.

Die Stifte kann man schnell greifen und bequemer essen als große Scheiben.

109 Hamburger mit Ei

Forme einen Ring aus Hackfleisch. Brate diesen in einer Pfanne an, wende den Ring und gib ein rohes Ei in die Mitte. Brate den Burger abgedeckt auf mittlerer Hitze, bis Fleisch und Ei gar sind.

Schmeckt lecker im Sesambrötchen mit Salatblatt, Tomate und Gurkchen. Wem das zu aufwendig ist, der kann auch einfach Brötchen und Senf oder Ketchup dazu essen.

110 KRABBEN-SALAT

Vermische Eisbergsalat und fertigen Krabbencocktail, um einen leckeren und schnellen Salat zu erhalten.

Statt Krabbencocktail lassen sich auch andere mayonnaisehaltige Fertigsalate als Dressing verwenden.

111 Blühende Backkartoffel

Schneide eine Kartoffel im Abstand von 2–3 mm ein. In die Zwischenräume gib Butterflocken. Backe die Kartoffel bei 180 °C im Backofen, bis sie „aufgeblüht“ und goldbraun ist.
Je nach Größe dauert das 30–45 Minuten.

112 KNUSPER-HÄHNCHEN

Vermische Hähnchenflügel mit ein wenig Backpulver, damit sie im Backofen richtig schön knusprig werden. Für ein Kilogramm Knusperflügel brauchst du ca. 2 TL Backpulver.

Wie du Hähnchenflügel entbeinst, erfährst du auf Seite 183.

113 GESUNDE EISCREME

Friere Bananenscheiben ein, dann püriere sie im Mixer oder mit dem Pürierstab.

Wer es nicht so pur oder gesund mag, kann noch Erdnussbutter, Butterkeksstreusel, geröstete Mandeln, Schokostreusel, Joghurt oder Honig zugeben.

Fruchtiger Milchshake 114

Klappt für eine leckere Schokomilch auch mit erwärmter Milch und der fast leeren Nussnougatcreme.

Die Lieblingsmarmelade ist leer, nur an den Rändern klebt noch ein kleiner Rest? Das genügt noch für einen leckeren Shake! Fülle das Marmeladenglas etwa halb voll Milch und schüttele es nach dem Zuschrauben ordentlich. Fertig!

Ein-Topf-Pasta 115

500 g Nudeln, 400 g Dosentomaten, 4 fein gehackte Knoblauchzehen, 2 TL Oregano, 1 l Gemüsebrühe, 2 EL Öl in einen großen Topf geben und aufkochen. Dann die Hitze reduzieren, bis alles leicht köchelt. Gelegentlich umrühren, damit die Nudeln nicht am Topfboden kleben. Nach der Garzeit der Nudeln (10–12 Minuten) den Herd ausstellen und die Nudeln noch eine Weile im Sud ziehen lassen.

Garniere die fertigen Nudeln mit geriebenem Käse und frischen Kräutern.

116 Reis-Bär

Forme aus Reiskugeln einen Teddybären und decke ihn mit einem Omelett zu. Als Kopfkissen eignet sich Salat; fürs Gesicht Gemüse. Den Reis kannst du vorher mit Ketchup mischen.

So niedlich lassen sich auch Kinder für gesundes Essen begeistern.

117 Kartoffelsalat

Für einen blitzschnellen Kartoffelsalat mische einfach gekochte, in Scheiben geschnittene Kartoffeln mit einer Packung Fleischsalat.

Perfekt dazu: ein paar geschnittene Gewürzgurken und ein gekochtes Ei.

118 Thunfisch-Creme

Zerdrücke eine Dose Thunfisch mit einer Gabel in einer Schüssel und vermische den Fisch mit 2–4 EL Mayonnaise.
Zum Verfeinern kannst du gehackte Oliven und/oder Zwiebeln dazu geben.

Die Creme schmeckt besonders gut auf frischem Weißbrot oder Crackern.

119

Arme Ritter in der Tasse

1. Eine Scheibe helles Brot würfeln und in eine gefettete Tasse geben. 1 Ei, 3 EL Milch, etwas Vanillezucker und Zimt in einer weiteren Tasse verrühren und auf dem Brot verteilen.

2. Das Ganze eine Minute durchziehen lassen, dann zwei Minuten bei 700 Watt in die Mikrowelle geben, bis das Ei gestockt ist.

Den fertigen Toast kannst du mit Zucker bestreuen oder mit Honig begießen.

120 Käse-Nudel-Suppe

Eine schnelle, sättigende Suppe erhältst du, indem du zwei Schmelzkäsescheiben in einer mit kochendem Wasser aufgegossenen Instant-Nudelsuppe auflöst.

Da lacht nicht nur der Bauch, sondern auch das Portemonnaie.

121

HEISSWURSTKRAKE

Halbiere ein Würstchen und schneide die Schnittkante mehrfach längs ein. Spieße das andere Ende nun auf einen Holzstab und halte das Würstchen für wenige Minuten in kochendes Wasser oder heißes Öl. Fertig ist der Wurstkrake. Mit Ketchup oder Senf kannst du Augen aufmalen.

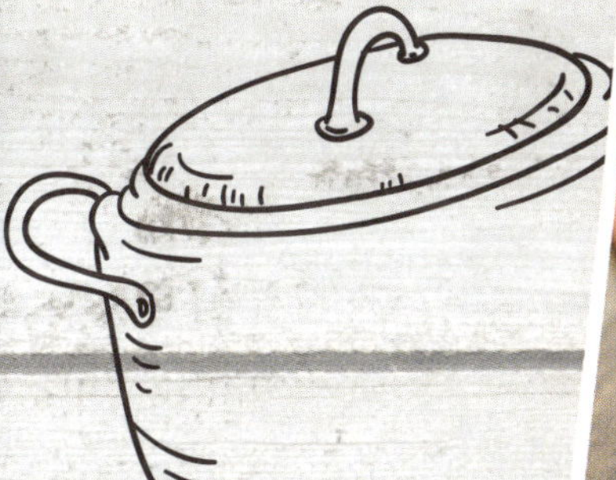

Durch die Hitze dehnt sich die Wurst aus und die „Beinchen" biegen sich nach außen.

122 Bananen-Hafer-Kekse

Vermische 100 g Haferflocken und eine Banane zu einem Teig. Forme daraus kleine Kugeln, die du auf einem Bogen Backpapier flach drückst. Backe die Kekse nun je nach Stärke bei 180 °C ca. 15–20 Minuten oder bis sie goldbraun sind.

Den Teig kannst du nach Belieben mit Honig oder Kakaopulver verfeinern.

123 Energie-Riegel

Zerkleinere einige Datteln mit einem Mixer und vermische sie mit wenigen Esslöffeln zarter Haferflocken.
In Form gebracht erhältst du so einen gesunden Energie-Riegel.

Für den Transport kannst du die Riegel in Klarsichtfolie einwickeln. Ein paar Stunden im Kühlschrank geben ihnen zusätzliche Festigkeit.

Aha!

Für den schnellen Hunger müssen es nicht immer aufwendige Festtagsmenüs sein. Schon mit einer oder zwei Zutaten kannst du verblüffende Leckereien wie Gebäck, Salat oder Eis zaubern. Bei vielen dieser schnellen Rezepte werden altbekannten Lebensmitteln ganz neue Rollen zugeteilt: So wird der Brotaufstrich zum Dressing, das Obst zum Bindemittel oder Vanilleeis zur Backzutat. Beispiele findest du auf den Seiten 96, 157, 160, 164, 170, 171. Versuch doch mal, ein eigenes Zwei-Zutaten-Rezept zu entwickeln. Aber nicht vergessen: Stelle beim Experimentieren erst einmal kleine Mengen her.

Notizen ...

Ergänzungen ...

Platz für mehr

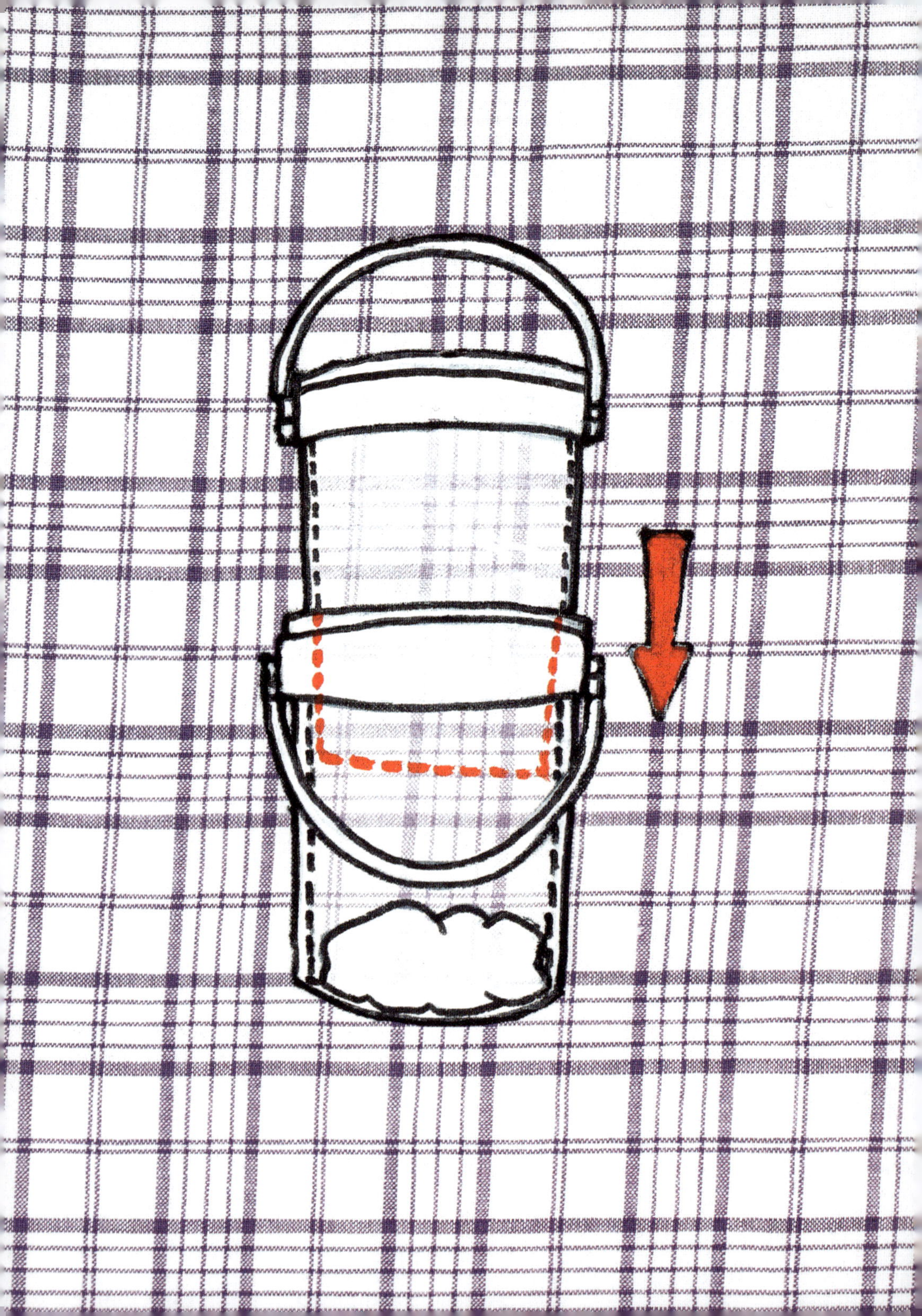

Outdoor und Barbecue

Für eine improvisierte Burgerpresse gib Hackfleisch in einen sauberen Joghurteimer und drücke mit einem zweiten Eimer fest drauf.

Grillen fetzt! Und außerdem ist es eine spannende Art der Zubereitung vielfältigster Speisen. Wie du mit kreativen Zutaten und einfachsten Hilfsmitteln das Grillvergnügen erleichtern kannst, zeigen wir dir hier im Kapitel „Outdoor & Barbecue". Außerdem gibt es obendrauf noch ein paar raffinierte Tricks, wie du draußen bei Wanderungen und auf Reisen mit ganz simplen Mitteln den Hunger stillen kannst.

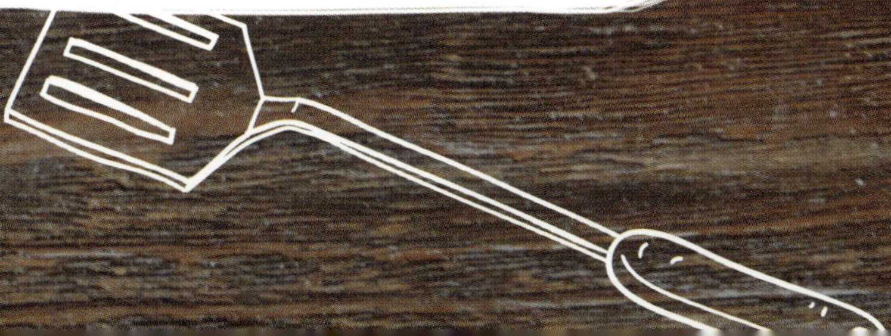

124

Zwei-Zonen-Grill

Befülle den Grill nur auf einer Seite mit Kohle. So erhältst du zwei Temperaturzonen, auf denen sich verschiedene Köstlichkeiten zubereiten lassen.

Auf der Seite ohne Kohle kannst du auch Fleisch warmhalten, ohne dass es verbrennt.

125 Grillspieße

Wenn du sehr viele Fleischspieße benötigst oder keine in der richtigen Größe findest, kannst du dir aus Stahldraht selbst welche biegen.

Achte unbedingt darauf, dass der Draht nicht verzinkt ist.

126 BACKSTEIN-HÄHNCHEN

Lege zwei in Aluminumfolie eingewickelte Backsteine auf ein ganzes, an der Brust zerteiltes Grillhähnchen.

Die Steine drücken das Fleisch platt und ermöglichen ein gleichmäßiges Garen.

Der Trick funktioniert nur bei frisch zubereiteten Hähnchenflügeln.

127 Hähnchenflügel entbeinen

Hähnchenflügel (Chicken Wings) enthalten zwei kleine Knochen. Halte den Flügel gut fest und entferne das kleine Gelenkstück am dickeren Ende, wo sich die beiden Knochen treffen. Löse zuerst den dünneren Knochen durch Ziehen und Drehen. Danach lässt sich auch der dickere Knochen einfach herausdrehen.

Whisky-Marinade

128

Vermische pro Steak je 4 cl Whisky und Balsamessig zu einer ungewöhnlichen, sehr schmackhaften Steak-Marinade.

Für ein optimales Ergebnis mariniere das Fleisch für 24 Stunden.

Aromaglut 129

Wirf Zweige von mediterranen Kräutern beim Grillen direkt in die Glut, um dem Grillfleisch zusätzliches Aroma zu verleihen.

Du kannst die Kräuter auch auf oder unter das Grillfleisch legen, um mit den Aromen zu experimentieren.

130 Burgerpresse

Für eine improvisierte Burgerpresse gib etwas Hackfleisch in einen sauberen Joghurteimer und drücke mit einem zweiten Eimer fest auf das Hackfleisch.

Der Fleischfladen lässt sich leichter aus dem Eimer entfernen, wenn du diesen zuvor mit etwas Öl fettest.

131 HAMBURGER MIT KÄSEFÜLLUNG

Forme zwei dünne Fleischfladen, lege ein Stück Käse zwischen die beiden und presse sie gründlich zusammen.

Probiere auch mal ungewöhnliche Käsesorten wie Blauschimmelkäse aus.

132

Wespenschreck

Wespen vertreibst du am besten, indem du etwas Kaffeepulver in einer feuerfesten Schale mit einem Streichholz verbrennst.

Mit dem Duft von frischem Kaffee kann man im Büro zuverlässig Kollegen anlocken.

133

Grillen im Blumentopf

Ein feuerfester Terrakotta-Blumentopf eignet sich wunderbar als Minigrill.

Achte beim Anheizen darauf, den Blumentopf auf eine feuerfeste Unterlage zu stellen. Keine glühenden Kohlen einfüllen!

134

Flammenbändiger

Etwas Salz hilft, Flammen und Rauch beim Grillen zu bändigen, ohne das Feuer abzukühlen.

Wie du den Grillrost ganz einfach reinigen kannst, verraten wir auf den Seiten 191, 291 und 307.

135 Grillrost ölen

Um dir nach dem Grillen aufwendiges Schrubben zu sparen, fette den Rost vor dem Grillen großzügig mit Öl ein.

Durch das Öl kann es anfangs zu einer stärkeren Rauchentwicklung kommen.

136

Bacon-Fächer

Falte Alufolie fächerförmig und lege Bacon-Streifen darauf. Auf diese Weise wird der Bacon auf dem Grill besonders knusprig, weil das Fett nach unten ablaufen kann.

Da das Fett nicht direkt in die Glut tropft, kommt es nicht so schnell zu Flammenbildung.

137

Biermarinade

Mariniere Grillfleisch einige Stunden in Bier. Das schmeckt nicht nur besser, sondern kann auch Schadstoffe vermeiden, die sonst beim Grillen entstehen würden.

Für das besondere Geschmackserlebnis kannst du die Marinade noch mit Senf, Knoblauch, Pfeffer oder Chili verfeinern. Lecker!

138 DECKELDÖSCHEN

Schneide die Schraubverschlüsse von zwei Plastikflaschen mit einer Säge oder einem Cutter vorsichtig ab. Glätte die Schnittflächen mit Schmirgelpapier. Dann schneide ein Stück stabile Folie in der Größe der Schnittfläche zu. Klebe die Folie mit Alleskleber zwischen die beiden Deckelenden.

Du erhältst einen wasserfesten Minicontainer für Gewürze.

139
Solar-Wurstofen

Schneide mit einem Cutter ein Fenster in eine leere Stapelchips-Dose. Stecke ein Würstchen auf einen langen Holzspieß und bohre kleine Löcher mittig in den Deckel und den Boden der Dose. In diesen Löchern kannst du den Holzstab befestigen, sodass das Würstchen mittig in der Dose hängt.

Umwickle die Dose nun mit Klarsichtfolie oder verschließe das Fenster mit einem Stück einer Kunststoffflasche. Nun kannst du die Dose an einem sonnigen Platz aufstellen und das Fenster in Sonnenrichtung ausrichten. Je nach Sonnenintensität sollte die Wurst nach einigen Minuten warm sein.

Die Dose funktioniert wie ein kleines Treibhaus. Die Sonnenstrahlen werden von der silbernen Innenseite der Dose auf die Wurst reflektiert und durch die Folie wird die Wärme im Inneren der Dose gehalten.

140 Wurst-spiralen

Stecke ein Würstchen vorsichtig auf einen Holzspieß ...

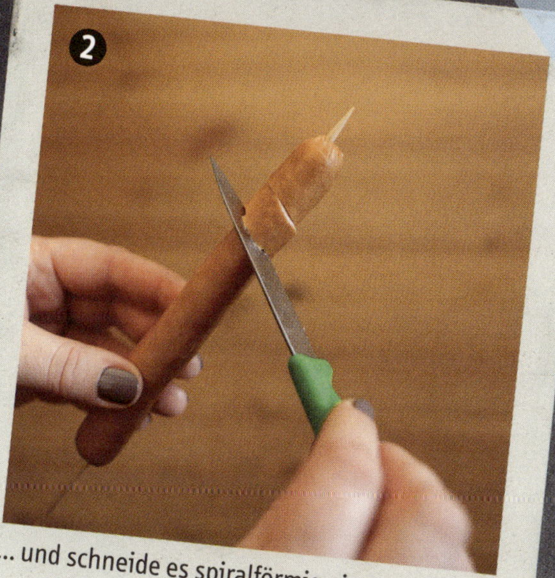

... und schneide es spiralförmig ein.

Ziehe die Wurst dann etwas auseinander. Die Wurst im Wasserbad oder auf dem Grill erhitzen und mit Senf und Brot genießen.

Die Spiralwurst lässt sich schnell erhitzen und nimmt mehr Sauce auf.

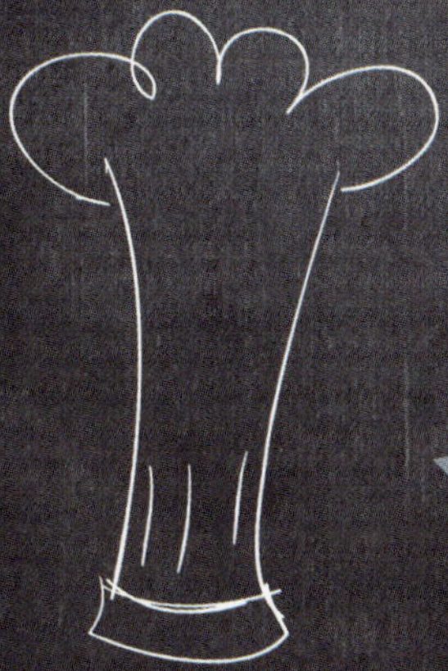

141 Plastiklöffel

Improvisiere einen Löffel, indem du ihn mit einem Messer oder einer Schere wie oben gezeigt aus einer Plastikflasche ausschneidest.

Stabiler wird der Löffel, wenn du ihn mittig knickst. Und sei bitte vorsichtig: Die Schnittkanten können scharf sein.

142

Mückenschutz

Vertreibe Mücken, indem du ein Bündel getrockneten Salbei ins Lagerfeuer wirfst.

Auch Kampfer, Zimt, Anis und Lavendel mögen Mücken nicht.

143 Getränke kühlen

Kurioserweise lassen sich Getränke kühlen, indem man sie in ein mit heißem Wasser getränktes Tuch wickelt und einige Minuten wartet.

WALNÜSSE KNACKEN

144

Wenn du mal keinen Nussknacker zur Hand hast, lassen sich Walnüsse auch miteinander knacken. Halte dazu einfach zwei Walnüsse wie abgebildet in der Hand und drücke sie kräftig aneinander.

Versuche, die Walnüsse ineinander zu verhaken, damit sie nicht abrutschen.

145 OUTDOOR-HERD

1

Schneide Boden und oberen Bereich von einer Getränkedose ab; beide Stücke sind ca. 4 cm hoch.

Der Brenner funktioniert mit Spiritus oder 96%-igem Alkohol, den man auch als Desinfektionsmittel in die Reiseapotheke aufnehmen kann.

Drücke nun das Oberteil rundum mit dem Taschenmesser ein. Vorsicht: scharfe Schnittkanten! Die Kerben liegen fingerbreit auseinander.

Dann stecke die obere, eingekerbte Hälfte in die untere. Fülle Spiritus 2–3 cm hoch ein und zünde ihn an. Wenn du alles richtig gemacht hast, sollten rundherum am Rand (dort, wo die Kerben sind) kleine Flammen sichtbar sein.

146 Brot aus Tontöpfen

Backe Brot in kleinen, vorher gewässerten Blumentöpfen aus Ton.

So erhältst du einen dekorativen und essbaren Tischschmuck.

Die Röhrchen kannst du mit einem kleinen, aus Papier gerolltem Trichter befüllen.

147 Wetterfeste Gewürze

Du kannst kleine Einzelportionen von Gewürzen oder Zucker wetterfest verpacken, indem du sie in Stücke von Strohhalmen einschweißt. Drücke die Enden mit einer Zange oder Schere zusammen und verschweiße sie vorsichtig mit einem Feuerzeug.

148 DOSE MIT EINEM LÖFFEL ÖFFNEN

Reibe mit der Löffelspitze kräftig an der Innenseite des Dosenrandes entlang. Nach einer Weile kannst du die Löffelspitze in die Dose stechen und den Deckel relativ leicht am Rand entlang aufdrücken.

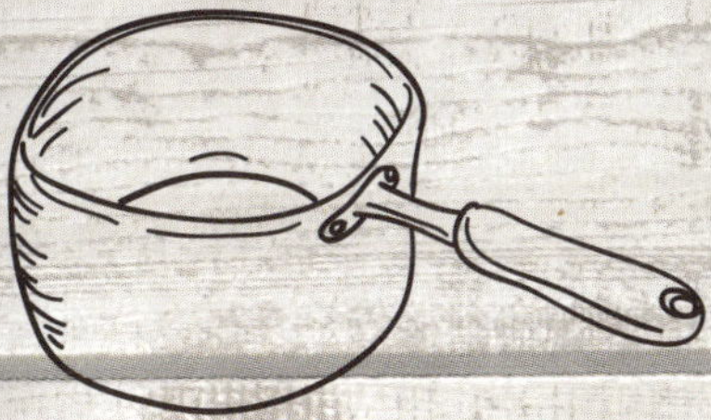

Bei unseren Tests haben sich die Dosen leichter an der Unterseite öffnen lassen.

Thunfisch-Laterne

149

❶ Willst du dich nach dem Wandern oder beim Camping aufwärmen und brauchst Licht, hilft eine Dose Thunfisch in Öl.

2

Bohre mit einem Taschenmesser ein Loch in den Deckel und stecke ein Stück aufgerolltes Taschentuch hinein.

3

Kurz warten, bis sich der Docht mit Öl vollgesogen hat, dann kannst du ihn entzünden.

Die Laterne brennt bis zu zwei Stunden. Der Thunfisch wird dabei erwärmt und du kannst ihn nach dem Löschen der Flamme essen.

Aha!

Ob Appetit oder Hunger – Bacon, auch als Frühstücksspeck bekannt, schafft Abhilfe. Der gepökelte oder geräucherte Schweinebauch ist geröstet eine knusprig-würzige Ergänzung für viele Speisen. In jüngerer Zeit haben die Freunde des Speckstreifens auch süße Zubereitungen erfunden. So gibt es Bacon Jam (Speckmarmelade), kandierten Bacon oder Bacon mit Schokoladenüberzug. Wer auf seinen Geldbeutel achten muss und dennoch nicht auf Fleisch verzichten möchte, kann mit Speck viel Geschmack für wenig Geld an sein Essen bringen (siehe auch Seiten 192 und 220).

Anmerkungen ...

Eigene Ideen ...

YEAH!

Partys und Feiern

Ein besonderer Spaß auf jeder Party sind essbare Girlanden. Fädle dafür Popcorn zu einer langen Kette auf.

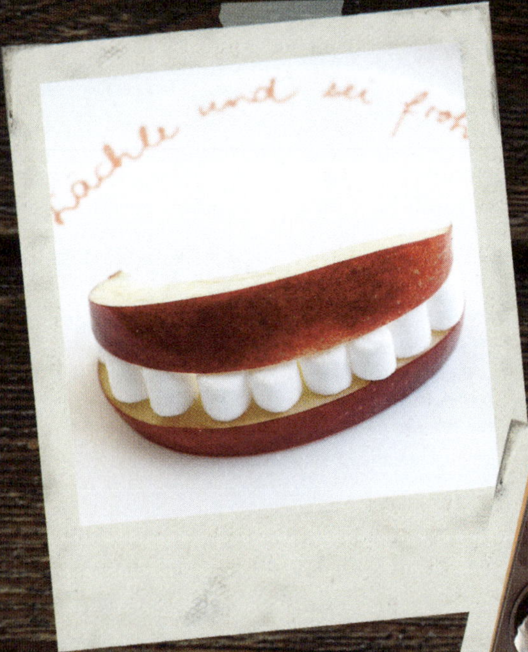
Lachle und sei froh

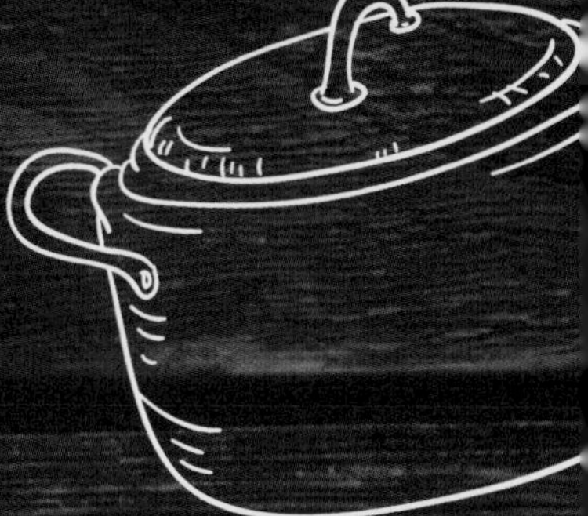

Ein Anruf und schwups, stehen die Gäste vor der Tür. Jetzt kommt es darauf an, Ruhe zu bewahren und alle hungrigen Mäuler satt zu bekommen. Im Kapitel „Partys & Feiern" haben wir Rezepte gesammelt, die sich problemlos auch in größeren Mengen zubereiten lassen oder mit denen du deinen Gästen besonders kreative Genüsse bescheren kannst.

150 Pancake-Spaß

1 Bereite aus 2 Eiern, 200 g Mehl, 200 ml Milch und einer Prise Salz einen Pancake-Teig vor. Lasse ihn ein paar Minuten ruhen und fülle ihn dann in eine Spritzflasche.

2 Die Herdplatte auf mittlere Hitze stellen. Nun kannst du in der Pfanne malen. Für den Smiley zuerst die Gesichtslinien und die Kontur zeichnen.

❸ Dann die Fläche zügig mit Teig ausfüllen. Sobald als möglich wenden, damit die Fläche nicht zu braun wird.

❹ Die zuerst gezeichneten Linien sind durch das längere Backen etwas dunkler und so auf der Fläche sichtbar.

Die perfekte Gute-Laune-Idee für den Frühstückstisch!

151 English Breakfast

Leckere Frühstücksburger kannst du aus Schinken, Toast und Ei zaubern. Alles in eine Muffinform geben und mit Salz und Pfeffer würzen. Etwa 15 Minuten bei 180 °C auf der untersten Schiene des Backofens backen, bis das Ei gestockt ist. Mit etwas frischem Schnittlauch bestreut servieren.

So lassen sich morgens mit wenig Aufwand viele hungrige Mäuler gleichzeitig stopfen.

152 SMOOTHIE-WÜRFEL

Püriere Obst deiner Wahl zu einem feinen Fruchtmus. Dieses kannst du in Einzelportionen einfrieren und bei Bedarf in Fruchtsaft auflösen.

So hast du immer einen Vorrat an leckeren Smoothie-Zutaten parat.

153 Popcorn-Girlanden

Ein besonderer Spaß auf jeder Party sind essbare Girlanden. Fädle dazu einfach Popcorn mithilfe von Nadel und reißfestem Faden zu einer langen Kette auf.

An Weihnachten eignet sich die Girlande auch als Baumschmuck.

154 Apfelmund

Aus zwei Apfelspalten und einigen Mini-Marshmallows kannst du einen Apfelmund zaubern.

Witzig für Klein und Groß.

155 CAKE POPS

Zerbrösele Kuchenreste und vermische sie mit einer Mischung aus 50 g Butter, 100 g Frischkäse und 150 g Puderzucker, bis ein formbarer Teig entsteht. Für eine Stunde in den Kühlschrank stellen, dann kleine Scheiben abschneiden oder Kugeln formen und auf saubere Eis- oder Lollistiele stecken. Nach Belieben mit Kuvertüre oder Zuckerguss verzieren.

Ob mit dekorativen Mustern oder witzigen Gesichtern verziert – Cake Pops lassen sich passend zu jedem Anlass stylen.

156 KÜCHLEIN IN DER WAFFEL

Backe Muffins in Waffelbechern. Damit entfällt das Auswickeln aus Papierförmchen.

Die Mini-Küchlein lassen sich mitsamt der „Verpackung" im Vorbeigehen vernaschen.

157 Schokotrüffel

Vermische 100 g geschmolzene Kuvertüre mit 100 g Frischkäse für leckere Schokotrüffel. Forme aus der Masse Kugeln und bestäube sie rundherum mit Kakaopulver.

Die Trüffel für ein paar Stunden in den Kühlschrank stellen, dann schmecken sie noch leckerer.

158 Kuchen im Glas

Backe einen Rührteig in einem offenen Einmachglas. Verschließe es mit einem Deckel, sobald das Glas aus dem Ofen kommt. Beim Auskühlen zieht sich die Luft im Glas zusammen und der Kuchen bleibt länger frisch.

Für noch länger haltbaren Kuchen kannst du die Gläser anschließend noch einkochen. Je nach Größe des Kuchens ca. 20–30 Minuten bei 90° C kochen. So hält der Kuchen im Glas mehrere Wochen.

Wie du die Eiswürfel auch noch durchsichtig hinbekommst, erfährst du auf Seite 242.

Notfall-Eiswürfelform

159

Wenn du keine Eiswürfelform parat hast, kannst du auch eine halbe Eierpappe und ein Stück Klarsichtfolie verwenden.

160 EIER PELLEN

Ein hart gekochtes Ei kannst du innerhalb von Sekunden pellen, indem du es in ein halbvolles Glas mit Wasser gibst, mit der Hand zudeckst und schüttelst. Die Schale lässt sich dann einfach abziehen.

Du kannst auch zwei Eier gleichzeitig in ein entsprechend großes Glas geben.

161 Joghurt-Pizzateig

Zwei Teile Self-Rising Flour (siehe Seite 97) + ein Teil griechischer Joghurt = Pizzateig. Dünn ausrollen, nach Wunsch belegen und bei 180°C ca. 20 Minuten backen.

Kein Nudelholz zum Ausrollen zur Hand? Nimm eine Flasche (siehe Seite 37).

162 Mini-Lasagne

Befülle ein Muffinblech mit kleinen Lasagne-Portionen, um auf Partys einen besonderen Leckerbissen anzubieten.

Verwende Wan Tan-Platten aus dem Asiamarkt als Lasagneplatten-Ersatz. Diese sind in ungefrorenem Zustand weich und lassen sich besser in die Muffinformen drücken.

Am besten schnell essen, da die Kuchenkekse schneller trocken werden als normaler Rührkuchen.

163 Kuchenkekse

Aus einer Lieblingsbackmischung (Rührteig) kannst du ganz einfach Kekse backen, indem du statt der angegebenen, zusätzlich benötigten Zutaten 2 Eier und 120 ml Öl verwendest. Die Kekse ca. 10–12 Minuten backen, bis sie goldbraun sind.

MUFFINPAPIER

164

Wenn du keine Muffinförmchen parat hast, kannst du die Fächer einer Muffinform auch mit Quadraten aus Butterbrotpapier auslegen.

Vor dem Einfüllen des Teigs das Papier gründlich in die Muffinform drücken.

165 BLITZ-SUSHI

Verwende alle Sushi-Zutaten, die du magst, aber spare dir die aufwendige Rolltechnik. Fülle den Sushi-Reis in eine kleine, eingeölte Form und stürze ihn auf ein Brettchen. Schichte die restlichen Zutaten darauf und schneide kleine Portionen heraus.

Das Sushi mit eingelegtem Ingwer, Wasabipaste und Sojasauce servieren.

166 Salatmuscheln

Koche große Muschelnudeln und fülle sie mit Salat.

Der perfekte Happen für Partys: Keine Gabel erforderlich!

167 Gummiwürmer

❶ Koche 500 ml Wasser, 2 Beutel Götterspeise, 4 EL Zucker und 3 Beutel Gelatine auf.

Wenn du Strohhalme mit geriffelter Knickstelle verwendest, wirken die Würmer noch authentischer.

2 Fülle etwas von der Mischung in ein Gefäß und stelle die Strohhalme hinein, sodass die unteren Öffnungen gerade verschlossen sind.

3 Nach dem Aushärten fülle die Strohhalme mit der restlichen Masse. Diese ggf. nochmal erwärmen, damit sie dünnflüssig wird. Nach dem Erstarren die Götterspeise-Würmer einfach aus den Strohhalmen herausdrücken.

Knusper-happen 168

Wickle Bananenscheiben in aufgetaute Wan Tan-Blätter (erhältlich in gut sortierten Supermärkten oder Asialäden) und backe sie in der Fritteuse oder in reichlich Öl goldbraun.

Dazu eine Kugel Vanilleeis und das heiß-kalte Dessert ist perfekt.

169 KNUSPER-OLIVEN

Partysnack mit Überraschung!

Bereite einen Teig aus 250 g geriebenem, mittelaltem Gouda, 125 g Butter und 150 g Mehl zu. Forme daraus kleine Kugeln, in die du jeweils eine entsteinte Olive drückst. Die Teigkugeln sorgfältig verschließen und bei 180 °C backen, bis sie goldgelb sind.

170 KRISTALLKLARE EISWÜRFEL

Eiswürfel werden kristallklar, wenn du abgekochtes Wasser verwendest.

Durch das Kochen entweichen die im Wasser gelösten Gase, die sonst im Eis kleine Bläschen und damit die Trübung verursachen.

Wenn du ein Folienschweißgerät hast, kannst du die Tütchen aus Gefrierbeuteln selbst herstellen.

171 COCKTAIL-EIS

Fülle bunte Cocktails in Kunststoffbeutel und friere sie ein. Solche schmalen Gefrierbeutel erhältst du in gut sortierten Haushaltsläden oder im Internet. Auch Silikonformen für Eis am Stiel (Eis-Pop-Maker) können verwendet werden.

172 Kokosmakronen

Aus einem Teil Kokosflocken und zwei Teilen gesüßter Kondensmilch lässt sich ein schneller Teig für Kokosmakronen bereiten. In kleinen Portionen auf ein Backblech geben und ca. 20 Minuten bei 180° C backen.

Das simple Rezept ist perfekt, um schnell eine große Menge Kokosmakronen zu backen.

173

RUCKZUCK-MOUSSE

Zerkleinere 100 g gute Zartbitterschokolade mit einem Messer. Koche 200 ml Sahne auf und gib sie über die Schokosplitter. Kräftig rühren, bis sich die Schokosplitter aufgelöst haben. Dann stelle die Mischung für mindestens sechs Stunden kalt.

Wer es etwas süßer mag, gibt noch einen Löffel Zucker dazu. Nach Belieben kann auch mit einer Messerspitze Zimt, Orangenzesten, Chiliflocken oder etwas Instantkaffeepulver weiter verfeinert werden.

174

GÖTTERHAPPEN

Halbiere eine Orange und entferne das Fruchtfleisch. Koche Götterspeise und lass sie etwas abkühlen, bevor du sie bis zur Oberkante in die Hälften füllst. Im Kühlschrank aushärten lassen. Nun kannst du die Orangenhälften in Spalten schneiden und erhältst tragbare Götterspeise-Portionen.

Erwachsene können Wackelpudding-Orangen mit Schuss machen: Einfach einen Teil Wasser durch Wodka ersetzen.

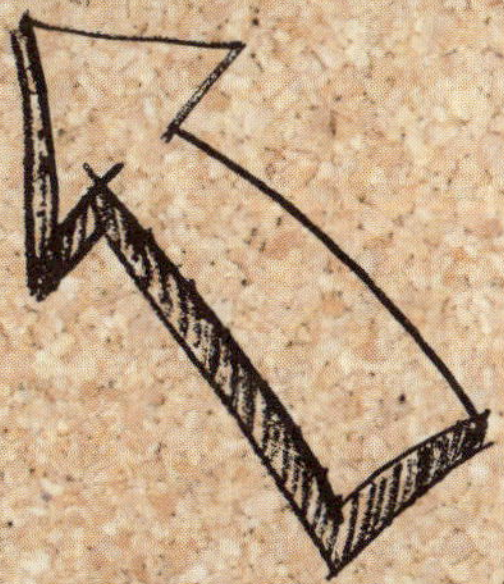

Aha!

Ein Stück gute Butter und schon schmeckt's gleich noch feiner! Butter ist mehr als nur ein Brotaufstrich. Sie bereichert auch Gebäck und Speisen mit ihrem unvergleichlichen Geschmack. Butter wird aus Rahm beziehungsweise Sahne hergestellt. Gewiefte Lifehacker machen das auch schon mal selbst (siehe Seite 93). Als Nebenprodukt entsteht Buttermilch, die ein vitamin- und mineralstoffreiches Getränk ist. Erhitzt man Butter vorsichtig und entfernt den entstehenden Schaum, erhält man Butterschmalz, der sich besonders gut zum Braten eignet und lange haltbar ist.

Ergänzungen ...

Notizen ...

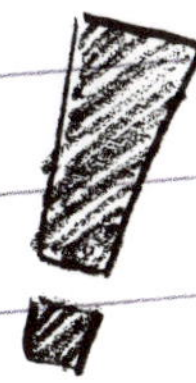

Aufbewahren und Frischhalten

Friere Weinreste in einer Eiswürfelform ein, dann hast du später kleine Portionen zum Verfeinern von Saucen parat.

Jeder kennt die günstigen Angebote der XXL-Packs im Supermarkt – aber manchmal benötigt man eben doch nur ein kleines Bisschen einer Zutat für ein Rezept. Wie du Lebensmittel ideal lagern und Reste fachgerecht aufbewahren kannst, ist Fokus des Kapitels „Aufbewahren & Frischhalten". Außerdem sind ein paar witzige Kniffe für den Geschirrschrank dabei.

175

WANDKISTEN

Leere Obst- und Gemüsekisten kannst du mit S-Haken oder Kabelbindern an der Küchenstange befestigen und als Regal für Gewürze und andere Dinge verwenden.

Du kannst die Kisten auch an die Wand schrauben. Je nachdem, ob du viele kleine oder einige hohe Dinge abstellen möchtest, hänge sie quer oder hochkant auf.

176 Schutzkappe

Messerspitzen und scharfe Kanten kannst du mit einem Weinkorken schützen.

Schützt auch vor Schnittwunden.

177

Coole Plastikfolie

Plastikfolie lässt sich häufig schwer abwickeln. Um dies zu vermeiden, lagere die Folie einfach im Kühlschrank.

Die Kälte kann jedoch die Haftfähigkeit der Folie beeinflussen.

178 Dicht verschweißt

Plastikbeutel lassen sich mithilfe eines Stückes Alufolie und eines Bügeleisens verschweißen. Dazu einen Streifen Alufolie falten und die Tütenöffnung dazwischen legen. Wenige Sekunden mit dem Bügeleisen über den Alustreifen fahren.

Achte beim Verschweißen unbedingt auf eine hitzefeste Unterlage.

179 Stangenhalterung

Stangen in der Küche sind wahre Platzsparwunder. An ihnen lassen sich Geschirrtücher trocknen, Topfdeckel aufbewahren, Kochutensilien aufhängen.

Stangen über dem Herd ermöglichen einen schnellen Zugriff auf wichtige Gegenstände, ohne lästiges Wühlen in Schubladen.

180 Schrank-Karussell

Stelle einen drehbaren Servierteller in den Kühlschrank oder Schrank, um schneller an kleinere Gläser und Fläschchen zu gelangen.

Einen Drehteller kannst du einfach mit einem Drehgewinde aus dem Baumarkt und einem Tablett basteln. Das Gewinde mit starkem doppelseitigem Klebeband oder Montagekleber ankleben.

181 Vakuum-Beutel

Fülle Lebensmittel in einen Zipper-Beutel und stecke einen Strohhalm hinein. Verschließe den Beutel. Mithilfe des Strohhalms kannst du die überschüssige Luft aus dem Beutel saugen. Den Strohhalm dann schnell herausziehen und den Beutel vollständig verschließen.

LAUCH-FRISCH 182

Wenn du ein Bund Lauchzwiebeln nicht komplett verarbeiten kannst, schneide die übrigen Zwiebeln in Ringe und friere diese in einer kleinen Flasche ein.

Durch Schütteln lösen sich die gefrorenen Ringe wieder und lassen sich portionsgerecht herausschütten. Gelingt auch mit Gefrierbeuteln.

183 TAFELLACK-GLÄSER

Streiche die Deckel von Schraubgläsern mit Tafellack. So kannst du sie mit einem Kreidestift immer wieder neu beschriften.

Passt perfekt zum Regal rechts!

184

EINFACHES GEWÜRZREGAL

Schneide mit einem Lochbohrer Löcher in eine Holzplatte und stecke kleine Gläser mit Gewürzen hinein.

Die Deckel der Gläser kannst du wie links oder auf Seite 270 gezeigt beschriften.

185 Weinregal

Weinflaschen kannst du in Abflussrohren aus Ton lagern.

Der Ton reguliert Feuchtigkeit und Temperatur und schafft ein gutes Klima für den Wein.

186 Kisten-Regaleinsatz

Setze im unteren Teil eines Vorratsregals zwei Metallrohre ein. Nun kannst du Getränkekisten schräg hineinstellen und die Flaschen leichter entnehmen.

Perfekt für Wasser- und Bierkisten.

187 NIE MEHR BRAUNE ÄPFEL

Löse 2 TL Honig in einer Tasse Wasser auf und gib Apfelschnitze hinein, um diese vor zu schnellem Braunwerden zu schützen.

Eine süße Alternative zum Klassiker, die Apfelschnitze mit Zitronensaft zu beträufeln.

188 Zwiebeln frischhalten

Große Zwiebeln kannst du in Strumpfhosen lagern. So bleiben diese länger frisch.

Die Strumpfhose ermöglicht, dass genügend Luft an die Zwiebeln gelangt und diese nicht faulen. Zudem sollte man Zwiebeln kühl und dunkel lagern, damit sie nicht keimen.

189 Gewürzlabels

Befülle kleine Gläser mit Gewürzen deiner Wahl. Löse nun vorsichtig die Etiketten von den Gewürz-Tüten und klebe sie auf die Gläser, um den Überblick zu behalten.

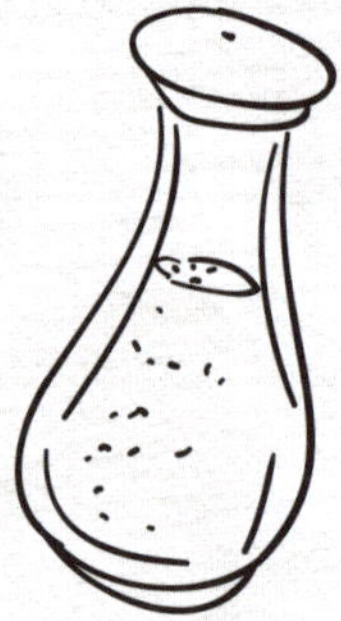

Sollten sich die Etiketten nicht lösen lassen, kannst du den Schriftzug auch vorsichtig ausschneiden und mit etwas Klebefilm am Glas befestigen.

190 SUPPEN-BAUSATZ

Friere Einzelportionen von Gemüse, Gewürzen und Suppenfleisch ein, um schnell eine Fleisch- oder Gemüsesuppe zubereiten zu können.

Auch bereits zubereitete Brühe lässt sich portionsweise, z.B. in einer Eiswürfelform, einfrieren und bei Bedarf einfach entnehmen.

191 Karotten lagern

Entferne das Grün von Wurzelgemüse, z. B. Karotten, vor der Lagerung. So bleiben diese länger frisch.

Außerdem bleiben die Nährstoffe in der Wurzel enthalten.

192 Popcorn-Polster

Popcorn eignet sich hervorragend als umweltfreundliches Verpackungsmaterial zum Versand von zerbrechlichen Gegenständen.

Wenn der Versandkarton und der verschickte Gegenstand sauber sind, kann man das Popcorn sogar noch knabbern.

193
Pappkameraden

Transportiere und lagere Porzellanteller zwischen Papptellern.

Zum Lagern des guten Geschirrs haben sich auch Servietten bewährt. Einfach zwischen die Teller legen.

194 Vakuum-Glas

Stich mit einer Pinnnadel ein Loch in den Deckel eines Schraubglases. Dann lege ein kleines Stück Isolierband darauf, das du nur an einer Seite etwas festdrückst. Mit einer Handvakuumpumpe sauge die Luft aus dem Glas, um den Inhalt länger haltbar zu machen.

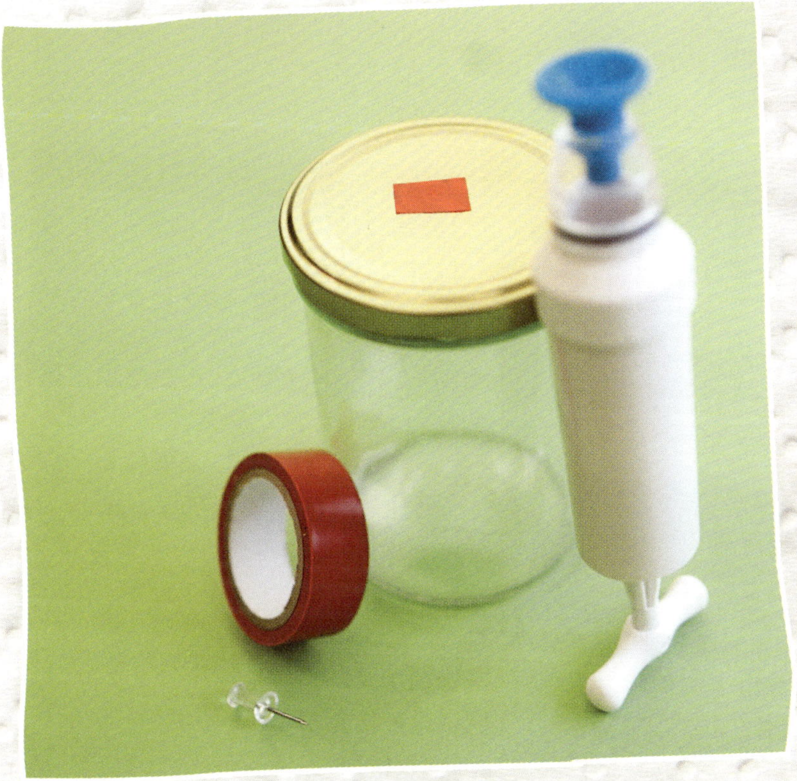

Das Glas lässt sich leicht öffnen, wenn du das Klebeband vorher abziehst. Die Vakuumpumpe erhältst du im Haushaltswarenladen.

Weinglashalter

195

Schraube den Kopf einer alten Harke an die Wand als Weinglashalter.

Besonders alte, verrostete Harken sind sehr dekorativ und machen sich auch hübsch im Gartenhäuschen.

196

FRISCHER KÄSE

In einem mit Salzwasser angefeuchteten Tuch bleibt Käse länger frisch.

Du kannst das angefeuchtete Tuch auch in eine Frischhaltedose geben und den Käse darin aufbewahren.

197 Weinwürfel

Du kannst Weinreste ganz einfach in einer Eiswürfelform oder einem Eiswürfel-Beutel einfrieren, um später zum Verfeinern von Saucen immer kleine Portionen parat zu haben.

Auch Reste von frisch gepresstem Zitronensaft musst du nicht wegschütten, sondern kannst sie portionsweise einfrieren.

198

EIER-ÖLUNG

Eier sind länger haltbar, wenn du die Schale gründlich mit einem ölgetränkten Tuch abreibst. Im Kühlschrank sollen so geölte Eier mehrere Monate aufbewahrt werden können.

Das Öl versiegelt die poröse Kalkschale und verhindert den Verlust von Wasser sowie Austausch von Gasen.

Aha!

Das Ei steht symbolisch für den Beginn aller Dinge – auch in der Küche. Meistens lernt man zuerst, ein Spiegelei zu braten. Wie du diese Grundkenntnisse verfeinern kannst, zeigen wir dir auf den Seiten 92, 109 und 149.
Wichtig ist die richtige Aufbewahrung der Eier. Ungekühlt hält das Ei ab Legedatum ca. 20 Tage. Sicherer ist es, Eier kühl und lichtgeschützt im Kühlschrank aufzubewahren – entweder in der Verpackung oder im Eierfach. Offen gelagerte Eier können Fremdgerüche von Lauch, Käse oder anderen stark riechenden Lebensmitteln annehmen.

Platz für mehr ...

Kugelschreiber-

Spielwiese!

Lippenstift-Rück-
stände lassen sich
mit Salz problem-
los entfernen.

Aufräumen und Reinigen

Ordnung ist das halbe Leben – und oft genug konzentriert man sich auf die andere Hälfte. Wie du deine Küche organisieren kannst und den Überblick in den Küchenschränken bewahrst, erfährst du auf den folgenden Seiten. Sauberkeit ist ein ebenso wichtiger Punkt bei der Arbeit in der Küche. Darum enthält das Kapitel „Aufräumen & Reinigen" zudem einige Tipps, wie du mit hartnäckigen Flecken und Verschmutzungen umgehen kannst.

199 Klettband-Sicherung

Nähe einen Streifen Klettband an ein Küchentuch, um dieses zum Trocknen am Ofengriff aufhängen zu können, ohne dass es ständig herunterrutscht.

Selbstklebendes Klettband funktioniert ebenso, hält aber nicht so lange. Ein Druckknopf ist auch geeignet, kann aber das Geschirr zerkratzen

Vorsicht beim Auswischen der Pfanne. Die Salz-Fett-Kombination ist sehr heiß!

200

Pfannenrein

Schmiedeeiserne, fettige Pfannen lassen sich mit Salz leicht reinigen. Erhitze dafür das Salz in der fettigen Pfanne. Wenn sich das Salz mit dem Fett verbunden hat, kann man es mit einem Tuch herausreiben.

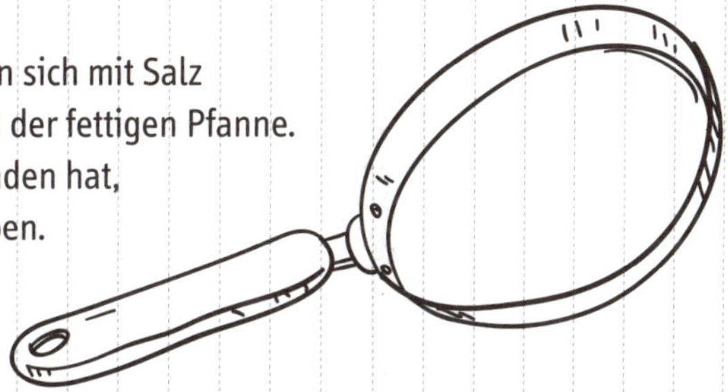

201 Sauberer Grill

Kleide einen Holzkohlegrill vor dem Anheizen mit Alufolie aus. Herabtropfendes Fett und Glut brennen sich nicht so sehr ein.

Außerdem lässt sich der Grill nach dem Auskühlen schneller reinigen.

202 Zwiebelfrischer Grillrost

Nach dem Grillen kannst du den Rost mit einer halben Zwiebel abreiben. Der Zwiebelsaft löst den Schmutz.

Die Zwiebel reinigt nicht nur, sondern desinfiziert den Grillrost auch durch ihre antiseptischen Inhaltsstoffe.

203 Flaschen blitzschnell ausgießen

Du möchtest eine Getränkeflasche schnell entleeren? Dazu musst du sie nur umdrehen und schnell kreisförmig bewegen.

In der Flasche bildet sich ein Strudel, durch den die Luft ins Innere der Flasche gerät.

204 GLASSCHERBEN AUFSAMMELN

Ist ein Glas zu Bruch gegangen, kannst du die besonders kleinen Splitter mit einer Scheibe Toastbrot aufsammeln.

Das Brot danach sofort und sicher entsorgen.

205 Rostlöser

Halbiere eine rohe Kartoffel und bestreiche die Schnittfläche mit Backpulver oder Natron. Reibe nun die rostigen Stellen mit der Kartoffel ein.

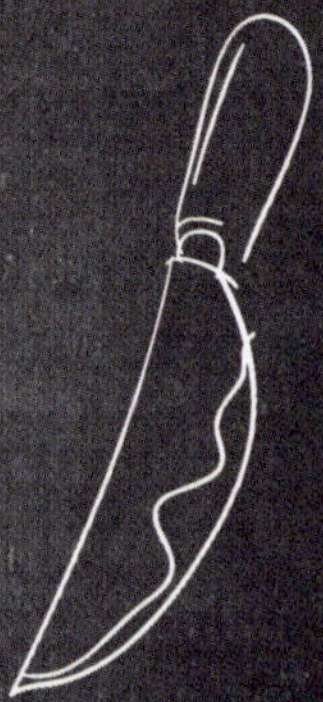

Dieser Trick eignet sich nicht nur für Töpfe und Pfannen. Auch Besteck lässt sich so von Rost befreien.

206 GERÜCHE NEUTRALISIEREN

Reibe nach dem Knoblauchschneiden die Finger an einer Edelstahlfläche, zum Beispiel deiner Spüle, um den Geruch zu neutralisieren.

Es ist noch nicht ganz klar, wieso der Edelstahl unangenehme Gerüche neutralisiert, jedoch gibt es im Handel bereits zahlreiche wirksame Edelstahlseifen und Hilfsmittel.

207

Kaffeeränder ade!

Hartnäckige Tee- und Kaffeereste lassen sich ganz einfach mit Salz entfernen. Die Fläche einreiben, aber nicht zu fest schrubben, denn das Salz kann die Beschichtung der Tasse zerkratzen.

Um Tee- oder Kaffeekannen zu reinigen, kannst du auch Gebissreiniger in warmem Wasser auflösen und in die Kanne geben. Über Nacht stehen lassen und am Morgen gründlich ausspülen.

208 Lippenstift entfernen

Lippenstift-Rückstände an Gläsern lassen sich mit Salz problemlos entfernen.

Die Anti-Fettlöser im Lippenstift erschweren das Entfernen mit Spülmittel.

209

SAUCENRÄNDER ADE!

Wische Plastikdosen mit einem in Öl getränkten Küchentuch aus, bevor du färbende Saucen, wie Tomatensauce, einfüllst. Auf diese Weise verfärben sich die Dosen nicht so schnell.

Vergiss nicht, auch die Innenseite des Deckels einzuölen.

210 Zitrusfrischer Kühlschrank

Deinen Kühlschrank kannst du mit Zitronensaft oder aufgelöster Zitronensäure gründlich auswischen, um ihn gleichzeitig zu reinigen, zu desinfizieren und wunderbar frisch duften zu lassen.

Geht schnell, ist günstig – und ganz natürlich.

211

Rotweinfleck-weg

Mit klarem Fensterputzspray lassen sich Rotweinflecken entfernen. Den Fleck großzügig einsprühen und sofort mit einem Küchentuch abtupfen.

Auch Zitronensaft und Salz sind beliebte Mittel gegen Rotweinflecken.

212 Stahlglanz

Ein Spülbecken aus Stahl bekommst du wieder glänzend und kalkfrei, wenn du etwas Öl auf ein Tuch gibst und das Becken damit polierst.

Da das Öl wasserabweisend ist, hält es neue Kalkflecken auch für längere Zeit fern.

213 Messer entrosten

Rost von Besteck und anderen Gegenständen lässt sich ganz einfach entfernen, indem du Zitronensaft einwirken lässt und die Fläche anschließend polierst.

Um zu vermeiden, dass Besteck in der Spülmaschine rostet, kannst du etwas Alufolie in den Besteckkorb legen.

214

ÖLFLASCHENFUSS

Schneide den Boden eines Getränkekartons ab und stülpe ihn über den Boden einer Ölflasche. So bleibt dein Schrank oder Regal sauber, denn Ölreste laufen nun in den Kartonfuß.

Du kannst dein Öl, Essig etc. im Schrank auch in einer flachen Plastikkiste lagern. Sie lässt sich zum Auswischen des Schrankes einfach herausnehmen.

215 Dufter Mülleimer!

Gib in deinen Biomüll-Eimer zuerst eine Lage Katzenstreu. Dieses saugt Flüssigkeiten auf und bindet den üblen Geruch.

Die Anschaffung lohnt sich auch, wenn man gar keine Katze besitzt.

216 FETTSAUGER

Um Fettflecken zu entfernen, diese einfach mit Mehl bestäuben und ausreiben. Das Mehl bindet das Fett und entfernt es.

Auf Teppich das Mehl einfach wegsaugen, ansonsten wegwischen.

217 BACKOFEN REINIGEN

Einen verschmutzen Backofen kannst du am besten mit Natron reinigen. Stelle eine Paste aus Wasser und Natron her und trage sie auf die verschmutzten Stellen auf.

Verkrustungen weichen auf und können nun mit einer Bürste oder einem Tuch entfernt werden.

218 Ofenrost reinigen

Lege den Rost von Grill oder Backofen auf ein altes Handtuch in die Badewanne und gib ein bis zwei Schaufeln Waschpulver darauf. Dann fülle die Wanne mit möglichst heißem Wasser, bis der Rost bedeckt ist. Lass das Ganze nun mindestens sechs Stunden einweichen. Anschließend kannst du die Verkrustungen mit einem Schwamm leicht abwischen.

Funktioniert auch mit Geschirrreinigerpulver.

219 Schere schärfen

Eine stumpfe Küchenschere schärfst du an einem Flaschenhals. Tue dabei so, als wolltest du den Flaschenhals mit der Schere abschneiden.

Lass die gesamte Schnittfläche am Flaschenhals entlang gleiten, damit sie gleichmäßig scharf wird.

220

Messer schärfen

Stumpfe Messer lassen sich ganz einfach am Bodenring von Tellern, Tassen und Schalen schärfen.

Auch Tontöpfe sind geeignet.

221 DUFTE THERMOSKANNEN

Den muffigen Geruch aus Thermoskannen und anderen geschlossenen Behältern kannst du mit Salz entfernen. Gib Salz in die leere Kanne, lass es einige Stunden darin und schütte es anschließend heraus.

Wenn du Thermoskannen längere Zeit lagerst, kannst du gleich etwas Salz hineingeben.

222

Koffeindünger

Kaffeesatz kannst du hervorragend als Pflanzendünger verwenden. Vor allem für Gartenpflanzen geeignet.

Durch seine leichte Säure senkt Kaffeesatz den pH-Wert des Bodens, neutralisiert kalkhaltiges Gießwasser und hält Schädlinge fern.

Aha!

Auch vor Lebensmitteln machen findige Lifehacker nicht Halt. Beispiel: Kartoffel. Ihren Ursprung hat die Kartoffel in Südamerika. Von dort hat dieses Nachtschattengewächs schnell seine Verbreitung in die ganze Welt gefunden. Als günstiger Lieferant von Kohlenhydraten erfreuen sich Kartoffeln großer Beliebtheit. Gekocht, gebraten, gebacken, frittiert – das leckere Knöllchen ist in aller Munde. Und mit einem schrumpeligen Exemplar kann man immer noch wunderbar putzen (siehe Seite 294).

Ergänzungen ...

313

REGISTER!

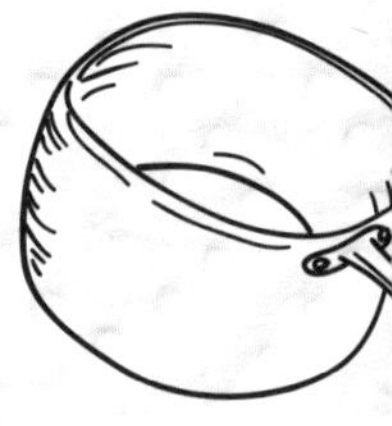

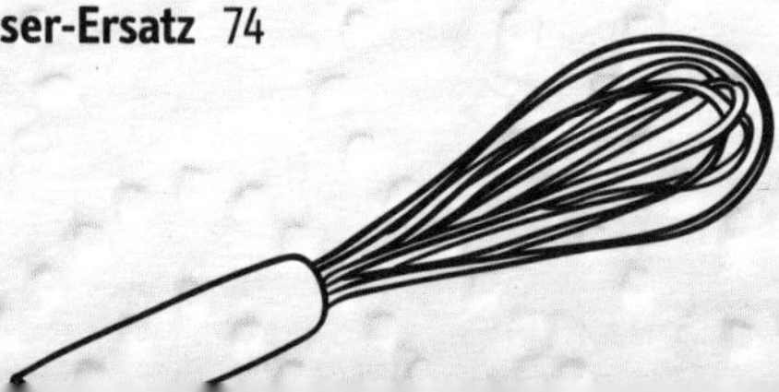

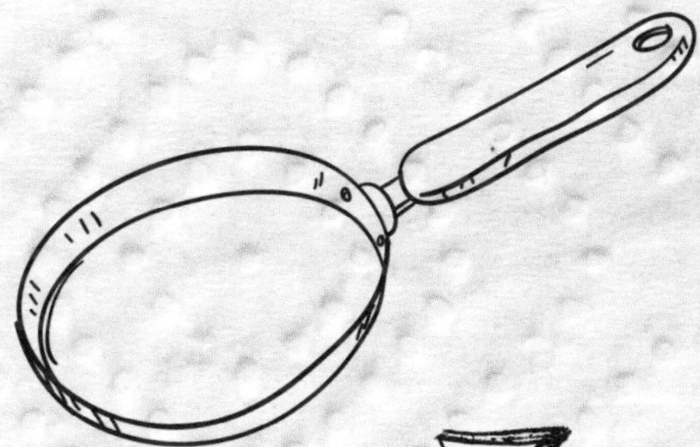

Benjamin Behnke ist 28 Jahre alt, lebt in Dortmund und ist als IT-Berater in ganz Deutschland unterwegs. Er hat das Kochen von seiner Großmutter gelernt und hat schon zu Studentenzeiten für Freunde gekocht. Ihn interessieren besonders einfache, aber kreative Rezepte, ungewöhnliche Lebensmittel-Kombinationen und ausgefallene Zubereitungsmethoden. Zudem ist er nach eigener Aussage auch ein sehr guter Esser und hat schon mal Spaghetti Bolognese mit Katzenfutter gekocht.

Zusammen produzieren Kai und Ben den Podcast „Trick 17". Hier kannst du reinhören: www.trick17-podcast.de

Die Autoren

Kai Daniel Du ist 38 Jahre alt, lebt in Adendorf bei Lüneburg und arbeitet als wissenschaftlicher Mitarbeiter. Er kocht seit über dreißig Jahren. Das erste Gericht – Rührei – hat er mit etwa vier Jahren gekocht und dachte schon damals: „Wenn ich mir selbst etwas zu essen machen kann, wann immer ich will, gehört mir die Welt." Heute interessiert Kai sich für Speisen und Rezepte von nah und fern. Dabei ist er immer auf der Suche nach exotischen Zutaten und Gewürzen oder neuen Zubereitungsarten. In seiner Freizeit produziert er außerdem den Hobbykoch-Podcast (www.hobbykoch-podcast.de), in dem er Rezepte ausprobiert und erfindet. Seine sechsjährige Tochter leistet ihm in manchen Sendungen Gesellschaft und kocht begeistert mit.

Impressum

FOTOS: frechverlag GmbH, 70499 Stuttgart; istock/forgiss (Krepppapier), Fotolia/Les Cunliffe (Leinen), Fotolia/Prill Mediendesign (Holzlatten hell), Fotolia/Africa Studio (Holzlatten mittelbraun), shutterstock/Triff (Holzplatte dunkel), Fotolia/taonga (Kork), Fotolia/A_Bruno (Tafel), istock/MG1408 (Marmorplatte), istock/MLiberra (geknülltes Küchenpapier), shutterstock/StevanZZ (Arbeitsplatte hell), Fotolia/macgyverhh (geknülltes Papier), Fotolia/Mara Zemgaliete (Seite 67), lichtpunkt, Michael Ruder, Stuttgart (alle anderen)

ILLUSTRATIONEN: frechverlag GmbH, 70499 Stuttgart; istock/Ming Lok Fung (Strichzeichnungen Küchenutensilien), Rosenrot – Christine Gerlach und Charlotte Müller, www.schnee-weisschen.de (Kapitelaufmacher), frechverlag (alle anderen)

PRODUKTMANAGEMENT UND LEKTORAT: Monique Rahner
KORREKTORAT: Redaktionsbüro Uta Koßmagk, Wiesbaden
COVERGESTALTUNG: Eva Grimme, Nakischa Scheibe
LAYOUT: Katrin Krengel, Katrin Röhlig
SATZ: FSM Premedia GmbH & Co. KG
DRUCK UND BINDUNG: GPS Group GmbH, Österreich

2. Auflage 2015

ISBN 978-3-7724-7468-2 · Best.-Nr. 7468